集說詮眞

(一)

第一輯 第22 23冊

集說詮眞

正編 第14種

（新編）集說詮眞目錄

（原）集說詮眞目錄……三一

第三册

集說詮眞

光緒己卯年鐫

江南主教倪　准

司鐸黃伯祿斐默氏輯
蔣超凡邢胙氏校

光緒甲申年重校　上海慈母堂　版

自序

粵稽生人者上主。上主獨爲宰制之大主。斯禍福人者亦惟上主。上主又獨爲賞罰之眞主。洪荒作闢之初。人多渾樸。尙知眞主。畏之敬之。尊親昭事之。罔替焉。後世人心不古。虛靈之體。一蔽於私欲。再淆於習尙。遂昧其所自。諼棄眞主。以致食德不念舊。飲水不思源。甚至奸詐蠭起。妖妄燄熾。指已死之人曰神曰主。粉飾怪誕。以神臆說。不窮其本。不審其原。人鬼也。而上主之。似禍淫福善之權。惟彼是操。矯妄之祠。幾徧寰宇。而造化眞宗之傳。殆將絕矣。余嘗痛之。丁丑秋。病餘多暇。縱觀往籍。旁及搜神志怪之書。因將諸神事實。摘引成編。逐一詮釋。闢妄說以達眞理。冀有識者閱之而自悟。越一年稾成。適有友來訪。見之曰。繁引博辨。洵確而有徵矣。第崇奉諸神。積重難返。習俗移人。賢者不免。竊恐盡言招尤耳。余曰。唯唯否否。理本乎眞。言必達理。不言則已。言則不敢不盡。況史冊所傳。詆排佛老。代不乏人。余雖不敢步趨先哲。但嫉邪之志。未敢多讓。後之人當不我尤。至敘事不文。

措詞失當。則稟性愚拙。川筆率直所致。閱者或能曲諒焉。友曰。然。行見發聾振聵。易俗移風。實是編爲之嚆矢焉。友既去。爰敘顛末而弁於簡端。

光緒四年歲次戊寅季夏司鐸黃伯祿斐默氏識於

滬城聖方濟大堂之書齋

序

自來誠意正心之學。必自格致啟其基。而致知格物之程。胥由誠正收其效、誠以學也者。貴貫通乎道理之原。而致力於心性之地也。無如近世人心不古。風會日漓、或厭故喜新。而矯枉過正者有之。或隨波遂靡。而虛與委蛇者有之。此固由作俑者實階之厲。彼踵其失者。抑何代不乏人也、以誤傳誤。誤遂固結而不可解、以妄傳妄、妄遂深信而不復疑。此所謂同乎流俗。合乎污世。終身醉夢之中。而淪胥以沒。是可痛也。黃君搜集羣書。細加抉擇。編年釋地。將數百年流俗之訛。不經之說。分條摭引。抒已見以申辨之。書成即付攻木氏。刊刻問世。俾有志求道者。統前後以參觀。據彼此而互証。是非立判。眞僞難淆。不獨闢妄說之歧。而塵蒙盡埽。藉言詮之妙。而眞諦畢呈。將見發聾振聵。撥雲霧而覩青天。由此循塗以進。學術漸正。識見漸超。於正心誠意之脩。格物致知之學。皆可於言外得之。所願讀是編者。同體此志也可。

司鐸蔣超凡那胙氏識

先儒姓氏

孔安國　漢時。山東兗州府人。字子國。孔子十二世孫。武帝朝爲諫議大夫。以文章政事名當時。

趙岐　三國時。陝西西安府人。字邠卿。又字臺卿。少明經書。累官議郎。著孟子章句。

如淳　三國時。陝西同州府人。魏陳郡丞。著漢書。

孟康　三國時。字公休。孟子十八代孫。魏明帝時。爲散騎郎。註漢書。

韋昭　三國時。字弘嗣。江蘇鎮江府丹陽縣人。仕吳。撰吳書。

裴松之　南北朝時。山西絳州聞喜縣人。仕劉宋爲中書郎。註三國志。

顏師古　唐時。字子籀。山東沂州府人。顏子三十七世孫。累官祕書監。註西漢書。

司馬光　宋時。字君實。號涑水先生。山西解州夏縣人。累官端明殿學士。封溫國公。諡文正。

羅泌 宋時。字長源。江西吉安府廬陵縣人。學問該博。著有路史。其子苹註之。

尹起莘 宋時。字耕道。浙江處州府遂昌縣人。隱居不仕。學問該洽。著綱目發明。

胡寅 宋時。字明仲。福建建寧府崇安縣人。累官起居郎。世稱致堂先生。著讀史管見。

范祖禹 宋時。字淳夫。四川成都府華陽縣人。與司馬溫公同修通鑑。

邱濬 明時。字仲深。廣東瓊州府瓊山縣人。累官尚書。

楊慎 明時。字用修。四川成都府新都縣人。武宗朝授翰林院修撰。詩文外。雜著至百餘種。卒諡文憲。

引用書目

周易註疏　尚書註疏
周禮註疏　儀禮註疏
禮記註疏　左傳註疏
公羊傳註疏　穀梁傳註疏
鄭註孝經　古文孝經
爾雅註疏　五禮通考
韓詩外傳　經傳釋義
五經異義　鄉黨圖考

十三經注疏勘記　釋名
廣雅　段氏說文解字
正字通　四書人物考
四書字詁　史記索隱正義測議
前漢書　後漢書
三國志魏蜀吳書　晉書
宋書　南齊書
梁書　元魏書
北齊書　隋書

南史　北史
舊唐書　唐書
五代史　宋史
金史　元史
明史　弘簡錄
竹書紀年　後漢紀
通鑑輯覽　資治通鑑綱目　集覽　質實　書法　發明　廣義
綱鑑大全　鳳洲綱鑑會纂
綱鑑易知錄　明史擥要

歷聘紀年
通鑑紀事本末
通鑑博論
馬驌繹史
明史紀事本末
三國典畧
魏畧
路史
八紘譯史
戰國策
晏子春秋
聖門志
聖域述聞
年譜
尙史
漢名臣傳
明一統志
洛陽伽藍記

廣輿記 蔡輯　一統志表
吳郡圖經續記　闕里志
歷代地理志韻編　康熙江南通志
乾隆蘇州府志　康熙常熟縣志
乾隆歙縣志　乾隆華亭縣志
嘉慶松江府志　嘉慶湖南通志
道光安徽通志　嘉慶如皋縣志
曹縣志　同治上海縣志
文獻通考　太湖備考

太常記　通志畧
明集禮　續文獻通考
朱子全書　明會典
性理大全　性理體註
王肅註孔子家語　性理彙解
高厚蒙求　何孟春註孔子家語
淮南子　孔叢子
韓非子　呂氏春秋
蔡邕獨斷　白虎通

讀史管見
王充論衡
日知錄
春明夢餘錄
風俗通義
沈括夢溪筆談
楚辭燈
鄭景望蒙齋筆談
隨園詩話
癸巳類稿
孟籟甫豐暇筆談
陔餘叢考
小倉山房文集
琅邪代醉編
簷曝雜記
餘冬序錄
兩般秋雨盦隨筆
讀易別錄

清嘉錄　投荒雜錄
邱光庭兼明書　印雪軒隨筆
蓼花洲閒錄　訂譌雜錄
三岡識畧　太平御覽
文海披沙　事文類聚
古今僞書考　龍威祕書
冊府元龜　玉海
古今說海　尚友錄
駢字類編　圖書編

淵鑑類函　萬姓統譜
子史精華　小學紺珠
天中記　事物原會嘉慶戊午鐫
讀書紀數畧　李肇國史補
事物異名錄　揮麈前錄
三才圖會　思綺堂文集
輟耕錄　紫雲仙琯詩集
穆天子傳　太平廣記
稽神錄　任昉述異記

博物志　續博物志
酉陽雜俎　牟子
法顯記　列子　墨子
莊子　抱朴子
元眞子　野人閒話
三國志演義　新齊諧　西遊記
山海經廣註　龍雨河圖
龍圖神斷公案　干寶搜神記
夷堅志　增補通考全書

聊齋誌異新評　高僧傳
法苑珠林　釋迦方志
一切經義　宗門拈古彙集
眞靈位業圖　重增三教源流搜神記大全
大藏經　毗婆沙論
楞嚴經　涅槃經
浮屠經　呂祖註解金剛經
普曜經　金剛經旁解
金剛經慧會集解　妙法蓮華經

地持經
華嚴經

法華經
盂蘭盆經

觀佛三昧海經
玉歷鈔傳

閻王經
敬竈全書

香山寶卷
高士傳

列仙傳
龍女傳

神女傳
雲笈七籤

神仙傳
太元眞一本際經

眞誥
洞仙傳

席上腐談　仙傳拾遺
神仙通鑑　魯班經
集仙錄　關帝全集
老子開天經　文帝化書
武帝本傳　文昌坤寧經
文帝本傳　呂祖全書
文昌祿詞祕訣　芥子園畫傳
文帝陰隲文註證　封神演義
野獲編　目連記

續書目

甌北詩鈔　　閩雜記

桐蔭舊話　　柳南隨筆續筆

西湖便覽　　水滸傳

勝國文徵

凡例

一〔引〕乃援引每神事實。稽諸書籍。照錄爲徵。如原本篇幅過長。則摘取其要。皆有依據。並非鑿空。

一〔辨〕乃小辨所引諸端。詮其眞妄。

一 ▯ 書名記

一 ▯ 地名記

一 ｜ 人名記

一 ┆┆ 歷代朝號記

一 ┆ 歷朝紀元記

一、、引中要句記。即本篇辨中着意指辨之處。

一〇〇〇辨中採錄書籍及先儒諸說記。

一凡引中所引事實。僅此一見者。則書某書曰。或某書載。或註見某書。如參見於諸籍者。則書某某書合載。或註分見某某書。俾閱者有所考證。

一凡所引事實。間有他書異載者。即隨處註明。按某書云。或某書曰。以備參考。

一凡篇中人名。地名。典故。即註於下。如已註於他篇者。則不重註。但書見前或見後某張。

一凡地名有今昔異稱者。舊名之下。卽註今名。或徑以今名易之。

一凡所引諸書。有本註者。卽照錄。上加註字。以別增註。

一凡辨中所撮引中要句。以爲指辨之端者。卽註明見上某張。以便翻閱。

一凡遇應擡之字。則虛一格。從古文石刻例。

一凡篇中之暗馬。乃永統表編次之紀年。永統表者。遵歷代年表。并竹書紀年。以黃帝爲始。卽以黃帝元年。爲永統之初年。自黃帝至明末。按通鑑編年。
共計四千三百四十載。依次編屬。合爲一永統。如
夏禹后元歲炶即按永統表合黃帝元年以後之
四百九十三年。周靈王二十年。怴即合黃帝元年
以後之二千一百四十六年。南齊武帝永明三年。
恒即合黃帝元年以後之三千一百八十二年。若
所載不紀某朝。某帝某元之某年。僅紀某朝閒。某
帝某元時或某朝初。某帝某元初。或某朝某帝某
元中。則俱以某朝某帝某元之初年爲紀。如所載

某朝某帝某元末、則以某朝某帝某元之末年爲紀。篇中塡註永統紀年者。因歷代一統各朝。閒有偏安割據。且自漢文以迄元順。一帝數易紀元。則雖熟覽史乘者。見某朝某帝某元之某年。欲考是年列在何季。亦難立時核計。并若欲自某帝某元某年。至某帝某元某年。核其相隔若干年。則又更難。茲乃按此永統紀年。庶閱者一覽了然。

一按竹書紀年。自黃帝至周宣王、較通鑑編年少二百零六載。茲編紀年晴馬。概按通鑑、如偶有按竹書者。則隨處標明。

一諸神事實、同一荒誕、而辨中申論、亦同一斥妄。故雷同之句、疊見諸篇。閱者幸勿厭棄。

一是編旁搜各籍。辨明諸妄。似已略備。然因館之藏書、不免掛漏、且援引書籍。或誤金根。尚冀博雅君子、補遺正誤、匡所不逮、倘承 惠教。容再增改。

目錄

八仙見二百七張

劉海見二百十九張

和合見二百二十張

劉猛將軍　劉太尉見二百二十一張

三茅君　佑聖眞君見二百二十二張

蕭公見二百二十四張

晏公見二百二十五張

許眞君見二百二十八張

三官　三元見二百三十六張

痘神見二百七十五張

哼哈二將見二百七十七張

天王見二百七十九張

羅漢見二百八十一張

魯班　公輸子見二百八十四張

張仙見二百八十五張

灌口神　二郎神見二百八十九張

王靈官眞君　薩守堅眞君見二百九十一張

祠山張大帝見二百九十五張

集說詮眞

司鐸 黃伯祿斐默氏輯
蔣超凡那胙氏校

太極

【引】周易繫辭曰。易有太極。是生兩儀。【註】夫有必始於无。故太極生兩儀也。太極者。無稱之稱。不可得而名。取有之所極。況之太極者也。【疏】太極謂天地未分之前。元氣混而爲一。卽是太初太一也。老子云。道生一。卽此太極是也。又謂混元旣分。卽有天地。故曰太極生兩儀。卽老子云。一生二也。不言天地而言兩儀者。指其物體。下與四象相對。故曰兩儀。謂兩體容儀也。兩儀生四象。四象生八卦。【疏】兩儀生四象者。謂金木水火。禀天地而有。故云兩儀生四象。土則分主四季。又地中之別。故唯云四象也。四象生八卦者。若謂震木、離火、兌金、坎水。各主一時。又巽同震木。乾同兌金。加以坤艮之土。爲八卦也。

太極圖

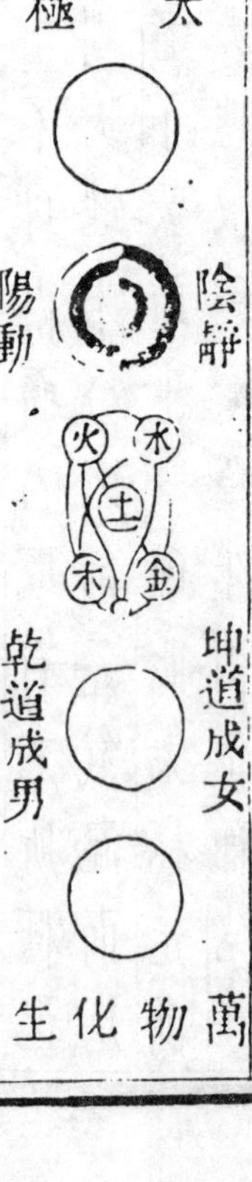

性理彙解載宋周子敦頤太極圖曰。無極而太極。註上天之載。無聲無臭。而實造化之樞紐。品彙之根柢也。故曰無極而太極。非太極之外。復有無極也。箋無極只說太極之妙。非別有物爲無極也。太極又是二氣五行之理。非別有物爲太極也。一事一物俱有極。總天地萬物之理而言。曰太極。天下本無所謂太極也。原其理之最先。而爲萬化之根本者。不得已而名之曰太極。雖名太極。而實無方可拘。無體可執。無形象可指。故曰無極而太極。

太極動而生

陽動極而靜，靜而生陰，靜極復動。一動一靜，互爲其根；分陰分陽，兩儀立焉。（註）太極之有動靜，是天命之流行也，所謂一陰一陽之謂道。太極者，本然之妙也；動靜者，所乘之機也。太極，形而上之道也；陰陽，形而下之器也。是以自其著者而觀之，則動靜不同時，陰陽不同位，而太極無不在焉。自其微者而觀之，則沖漠無朕，而動靜陰陽之理已悉具於其中矣。雖然，推之於前，而不見其始之合；引之於後，而不見其終之離也。故程子曰：動靜無端，陰陽無始，非知道者，孰能識之。（纂）動即陽，靜即陰，非動靜矣而後生陰生陽也。太極只在陰陽之中，陰陽亦只在太極之中，非陰陽之上別有物爲太極，而漸以生陰生陽也。動靜陰陽，是形而下者，氣也；太極是形而上者，理也。理生氣，氣載理，理氣不相離。太極含動靜，以本體而言也；太極有動靜，以流行而言也。動而靜，靜而動，闔闢往來，更無休息。一動一靜，以時言；分陰分陽，以位言。兩儀是天地，方渾淪未判，陰陽二氣混而爲一。及既分。則其中寬大光明。而兩儀始立。

陽變陰合。而生水火木金土。五氣順布。四時行焉。【纂】陽變陰合。陽動而陰隨之也。天地生物。五行獨先。兩間何事而非陰陽五行。七者合。而生物之材始大。金木水火。分旺四季。而土則寄旺于四季之末。陰陽生五行。至五行生。而陰陽又即在五行之中。五行布而四時行。至四時行。而五行又全在四時之中。

五行。一陰陽也。陰陽。一太極也。太極本無極也。五行之生。各一其性。【註】五行具。則造化發育之具。無不備矣。故又即此而推本之。以明其渾然一體。莫非無極之妙。而無極之妙。亦未嘗不各具於一物之中也。蓋五行異質。四時異氣。而皆不能外乎陰陽。陰陽異位。動靜異時。而皆不能離乎太極。至於所以爲太極者。又初無聲無臭之可言。是性之本體然也。天下豈有性外之物哉。然五行之生。隨其氣質。而所禀不同。所謂各一其性也。各一其性。則渾然太極之全體。

無不各具於一物之中。而性之無所不在。又可見矣。〔註〕五行。一陰陽。分言之。五行。三陽二陰。合言之。則一行各有一陰陽。陰陽。氣也。所以陰陽者。道也。即太極也。五行。一陰陽。陰陽。一太極。則非太極之後。別生二五。而二五之上。先有太極也。無極而太極。太極本無極。則非無極之後。別生太極。而太極之上。先有無極也。

無極之眞。二五之精。妙合而凝。乾道成男。坤道成女。二氣交感。化生萬物。萬物生生。而變化無窮焉。

〔註〕天下無性外之物。而性無不在此。無極二五。所以渾融而無間者也。所謂妙合者也。眞。以理言。無妄之謂也。精。以氣言。不二之名也。凝。聚也。氣聚而成形也。蓋性爲之主。而陰陽五行爲之經緯錯綜。又各以類凝聚而成形焉。陽而健者成男。則父之道也。陰而順者成女。則母之道也。是人物之始。以氣化而生者也。氣化成形。則形交氣感。遂以形化。而人物生生。變化無窮矣。自男女而觀之。則男女各一其性。而男女一太極

也。自萬物而觀之。則萬物各一其性。而萬物一太極也。蓋合而言之。萬物統體一太極也。分而言之。一物各具一太極也。所謂天下無性外之物。而性無不在者。於此尤可以見其全矣。(纂)無極之眞。已該得太極在其中。眞字便是太極。眞精妙合。是氣與理合而成性也。眞者。理也。精者。氣也。理與氣合。故能成形。惟

人也得其秀而最靈。形既生矣。神發知矣。五性感動。而善惡分。萬物出矣。(註)此言衆人具動靜之理。而常失之於動也。蓋人物之生。莫不有太極之道也。然陰陽五行。氣質交運。而人之所稟。獨得其秀。故其心爲最靈。而有以不失其性之全。所謂天地之心。人之極也。然形生於陰。神生於陽。五常之性。感物而動。而陽善陰惡。又以類分。而五性之殊。散爲萬事。蓋二氣五行。化生萬物。其在人者又如此。自非聖人全體太極有以定之。則欲動情勝。利害相攻。人極不立。而違禽獸不遠矣。

聖人定之以中正仁義。(註)聖人之道仁義中正而

已矣。(纂)中者。動而無過不及之名。正者。靜而不偏不倚之謂。仁所以流通乎物我。義所以裁成夫事物。

而主靜。(註)無欲故靜。(纂)主靜非釋老寂虛之謂。主靜所以養其動。但靜定其心。自作主宰。以為應感之本而已。

立人極焉。故聖人與天地合其德。日月合其明。四時合其序。鬼神合其吉凶。(註)人稟陰陽五行之秀氣以生。而聖人之生。又得其秀之秀者。是以其行之也中。其處之也正。其發之也仁。其裁之也義。(纂)立人極者。人人所有之極。而聖人獨立之也。

君子修之吉。小人悖之凶。(註)聖人太極之全體。一動一靜。無適而非中正仁義之極。蓋不假修為而自然也。修之悖之。亦在乎敬肆之間而已。(纂)修之吉者。順理則平直坦易而無悔。非吉乎。悖之凶者。逆理則艱難險阻而有碍。非凶乎。

故曰。立天之道。曰陰與陽。立地之道。曰柔與剛。立人之道。曰仁與義。

又曰。原始反終。故知死生之說。〔註〕陰陽成象。天道之所以立也。剛柔成質。地道之所以立也。仁義成德。人道之所以立也。道一而已。隨時著見。故有三才之別。而於其終。又各有體用之分焉。其實則一太極也。陽也。剛也。仁也。物之始也。陰也。柔也。義也。物之終也。能原其始。而知所以生。則反其終。而知所以死也。大哉易也。斯其至矣

〔辨〕按太極之名。始見於易〔繫辭〕。而儒家稱太極為無聲無臭。上天之載。造化之樞紐。品彙之根柢。將造物主盡行抹煞。竟認太極為造物主。大非孔子繫〔易〕本旨。乃係儒家借太極名。另創新說。以伸已臆。蓋按儒家所釋之太極。斷非造物主也。試略論

之。

儒家謂太極於陰陽未分之先。爲混一之氣。動而生陽。動極而靜。靜而生陰。靜極復動。一動一靜。陰陽分焉。蓋如所言。太極於陰陽未分之先。則爲混一之氣。但氣本頑質。頑質之爲體。當其靜也。外無動之者。則常靜不動。其動也。外無靜之者。則常動不靜。蓋凡頑質。決不能自主動靜。即或物之頑者如自鳴鐘等。爲自動自靜。惟不見其動靜之緣由。斷非無因而然。則太極之或動或靜。必別有使之然者。所謂造物主也。太極旣有造物主使之動靜。則太極非造物主。此一徵也。

儒家謂太極卽陰陽。方渾淪未判。陰陽二氣。混而爲一。及旣分。而天地始立。審如所言。陰陽於未分前。爲混一之氣。旣分後。卽爲天地。則陰陽二氣。卽是天地所得以成天地者。夫物之所得以成其物者。卽爲物之元質。太極旣卽是陰陽之氣。則又卽是天地之元質矣。夫物之元質。非卽造此物者。必有用元質以造之者耳。木爲成器之材。而製器者。

非木也。乃用木製器之良工也。太極既爲萬物之元質。則太極非造物主。此二徵也。

儒家謂太極未分。爲混一元氣。混元既分。即有天地。又謂太極無方可拘。無體可執。審如所言。混一元氣。合爲太極。分爲天地。太極爲天地之全體。天地爲太極之分支。物之全體。與其分支。惟別以物之爲數。無殊乎物之爲物。分而爲有方有體者。不得合而爲無方無體。天地之爲物。有方有體者也。則太極非無方無體明矣。儒家既謂太極分而爲有方有體之天地。又謂未分之前。爲無方無體。不已自相矛盾乎。太極既係有方有體之元氣。必不能造化萬彙。則太極非造物主。此三徵也。

儒家謂太極混一元氣。生陰陽五行。化生萬物。但觀萬彙庶物。至妙至精。不可言喻。天高上覆。地厚下載。列宿諸星。光輝燦爛。日分寒暑。月紀朔望。調變四時。運行不忒。樹木花草。或生絮。或結實。或吐花。綠茵翠蓋。香藹可人。禽獸昆虫。或羽或毛。或鱗或介。各適其宜。或具爪牙蹄角以護身。或具利嘴毒螫以拒害。且人之軀體。一其口鼻。兩其手足耳目。各行所司。骨計三百有三十。有長有短。有圓有穹。聯絡停勻。各効其用。六腑五臟。運化飲食、鎔鍊精液。流貫資生。萬彙庶物。既如是其奇。又如是其妙。足徵造之者。非神且智。精且明。必有所不能。然而太極乃混一元氣耳。混溟之氣。頑質也。而謂造化至奇極妙之萬彙。可乎哉。則太極非造物主。此四徵也。

儒家謂一物各具一太極。渾然太極之全體。無不各具於一物之中。審如所言。太極全體。既具於各物。是與萬物渾然同體。如以太極為造物主。則造物主之本體。與所造之萬物。同為一體矣。但作者與所作之工。不同一體。誰謂良工與器。同為一體乎。太極既稱與萬物同體。可謂萬物之元質。如各木器之同一木質也。則太極非造物主。此五徵也。

儒家謂五行一陰陽。陰陽一太極。太極在陰陽之中。陰陽亦在太極之中。萬物統體。一太極也。此即天地萬物本吾一體之說。然而謬矣。兩大之間。萬物甚夥。分以類。別以數。萬物非一物。盡人知之也。我爲萬物中之一。而非萬物。亦盡人知之也。孰謂治人者與治於人者。爲一人哉。顧物之爲物。以自有其體。物之自爲一物而非他物。以一物之體。非他物之體。使萬物同一其體。則合萬物以爲一物矣。有是理乎。設謂萬物之內體雖一。而其外限有異。限有異。故物與物有別。而其內體則同一太極全體。此說亦謬也。物之爲物。內有體外有限。果也。第限既異。其體不能不異。自不能泛同於一也。有物於此。一圓一方。一白一黑。圓物之體。既限以圓界。而爲圓物。不得再限以方界。而爲方物。白之色。既着一體。限爲白物。則黑之色。不得同着其體。又限爲黑物。然則方圓黑白之物。各有限界。各有其體。萬彙庶類。各自爲物。非同屬一體矣。凡物之論其數則一。而論其名則異者。固爲一物。亦屬一體。如黃帝與軒轅。一人也。亦一體也。然物之異於數。別於限者。則各自爲物。亦各一其體也。如亦同屬一體焉。則犬之性。卽牛之性。牛之性。卽人之性矣奚其可。則萬物一體之說。謬甚矣。而萬物統體爲一太極。尤妄矣。太極非造物主。此六徵也。

儒家謂無極之眞。二五之精。妙合而凝。萬物生焉。眞者。理也。精者。氣也。理與氣合。故能成形。猶云太極卽理也。氣雜而理純。氣頑而理靈。氣不能生天地萬物。而生天地萬物。理之能也。按此。則又謂理爲造天地萬物之主矣。不知理也者。謂措置得宜之模範也。理乃脫實之稱。非自立之體。如白也。智也。巧也。俱憑虛脫實之稱。非有在也。白倚於形物。

智巧倚於含靈之體。形物之外無自在。靈體之外
無智巧在。理亦倚於靈體者也。舍靈體。無自在之
理也。理既爲憑虛脫實之稱。而非自立之體。則亦
爲無而已。凡無者。無主張。無行爲。無一有者也。無
一有。則豈能造物乎。夫智不能成文。巧不能成器。
士用智。匠用巧。文與器始成。則理亦不能造萬物。
當有具是理之靈體。循是理而造之也。天地萬物
之理。卽是天位乎上。地位乎下。萬物居中。安置恰
合。各得其所。各遂其性。此理原於造物主外用之

純意。如製造之理。原於良工經營之裁度。萬物旣有是理。則知萬物有具是理之造物主。烏得謂理卽造物主哉。則太極非造物主。此七徵也。

儒家問太極旣非造物主。則孔子繫易何云易有太極。是生兩儀。兩儀生四象。四象生八卦。答曰。若考論經文。不憑諸經傳註。止憑各經正文。互相參繹。孔子所稱之太極。決非如儒家所釋之太極爲造物主。葢考經文。稱造物主者曰天。曰上帝。故如天生蒸民。欺天乎。畏天命。天命之謂性。上帝旣命。

昭事上帝。上帝臨汝。惟皇上帝。諸如此類。不能悉數。尋繹其正文。參觀上下文義。其所稱天與上帝。釋以造物主。方不矛盾。而經籍中從未見有太極之稱。按上下文義。當解以如天與上帝者。以是知孔子繫易云太極。乃指萬物之元質而已。蓋謂未有天地之先。造物主由無造一元質。因由無而造。所謂太極。命之一動一靜。而生兩儀四象八卦。庶類也。然此論蠢頑之天地萬物則然。若夫人。則人不然。其小體形軀。雖等物類。而大體靈性。實造物主從無中特造之神體。超越物類之上。為萬彙之君。物類之主。非由太極元質而生也。

嘗

觀良工建造廈屋。先具木料一方。或用作天幕，或用爲地擱，或作板壁。或製門窗，以及零星雜器，種種用處，雖各不同。究之總係此一方木料所生也，於以譬之。太極，象以一方木料可也。兩儀，象以天幕地擱可也。四象，象以周圍四壁。八卦，象以八面門窗，宇宙庶物，象以屋內所陳多許器具可也。兩儀四象八卦，雖所生有序，名各不同。究之同一太極元質。夫復何疑。推孔子繫易之意。止欲示天地有始。萬物有相生之序。而不論天地之先。有造物之主者。猶夫論起造屋宇。但言應用之材料。位置之次序。而起造之必須工匠。葢無待詳言者焉。

孔子

紀孔子事實者。有史記家語諸書。但各書編年。彼此互異。事非其年。年無其事。呂氏元善之聖門志。參證比年。較爲折中得實。故茲編所述事實。摭由史記家語諸書。而其編年。則依聖門志。

引 孔子生魯昌平鄉陬邑。孔安國曰。陬。孔子父叔梁紇所治邑。○史記作陬。論語作鄹。左傳作郰。後或作鄒。○按史記正義。故鄒城在山東兗州府泗水縣東南六十里。昌平山在泗水縣南六十里。昌平鄉取山爲名。故闕里在泗水縣南五十里。在兗州府曲阜縣郛城西南三里。孔子生鄹。長徙曲阜。而其居則仍號闕里云。其先宋人也。見史記微子啟殷帝乙殷之首子。而紂之庶兄也。成王誅武庚。命微子啟奉殷祀。國於宋。武庚叛。成王誅之。封微子於商邱爲宋公。○商邱今河南歸德府商邱縣。微子卒。立其弟衍。微子適子早故。按禮記檀弓。衍微子舍適孫腯。而立弟衍。是爲微仲。孔子之十四世祖也。見史記孔子之六世祖。名孔父嘉。其後以孔爲氏。曾祖名防叔。避華氏之禍。自宋奔魯。爲防邑大夫。○按鄉黨圖考。魯有東西二防。此爲東防。在山東沂州府費縣東北。○按左傳杜氏註。孔父嘉之子奔魯。故孔氏爲魯人。見何註家語父名紇。字叔梁。爲陬邑大夫。身長十尺。武力絕倫。初娶施氏。生女九人。無男。其妾生孟皮。一字伯尼。有足病。乃又娶顏氏之第三女徵在。時周靈王二十年己酉。按徵在既廟見。以夫之年大。懼不時有男。按禮記檀弓上註疏叔梁紇時年已七十。而徵在時為幼小之女。故懼得男。非其時也。乃詣尼邱山以祈焉。見王註家語○按明一統志尼邱山在山東兗州府曲阜縣東南五十里。連泗水鄒縣界。一名尼山。

周靈王二十一年庚戌。按孔子生。生而首上圩頂。頭頂如反宇。中低而四旁高也。故名丘字仲尼。見何註家語○穀梁傳紀孔子生於魯襄公二十一年十月庚子。合刪靈王二十年己酉。按十月二十一月。公羊傳紀孔子生於魯襄公二十一年十一月庚子。史記孔子世家紀孔子生於魯襄公二十二年庚戌。按鄉黨圖考謂孔子生年。當以穀梁公羊二傳為信。月日當以穀梁為信。路史以今之八月二十七日。諸神誕辰以十一月初四日。為孔子誕辰。

周靈王二十三年壬子。時孔子三歲。父叔梁紇卒。殯於五父之衢。見何註家語〇按左傳杜註五父衢。道名。在魯國東南。按經傳釋義在山東兗州府曲阜縣東南。〇殯。淺葬也。蓋暫厝於道旁也。

周靈王二十六年乙卯。時孔子六歲。戲陳俎豆。見史記孔子世家

周景王十二年戊辰。時孔子十九歲。娶宋亓官氏。見何註家語〇按王註家語娶宋之上官氏。

周景王十三年己巳。時孔子二十歲。為季氏史。見史記〇索隱曰。有本作委吏。趙岐曰。主委積倉庫之吏。是年。伯魚生。魚之生也。魯昭

公使人遺之鯉魚。孔子榮君之貺。故曰鯉。而字伯魚。見何註家語

周景王十四年庚午。先聖孔子二十一歲。爲司職吏。見史記○司職吏。主苑囿芻牧之吏。孟子所謂乘田也。

周景王十五年辛未。先聖孔子二十二歲。始、教、學、於、闕里。見何註家語

周景王十七年癸酉。先聖孔子二十四歲。母顏氏卒。見歷聘紀年啟父墓。合葬於防。見禮記檀弓

周景王二十年丙子。先聖孔子二十七歲。郯子來朝。郯。國

名。子產。山東沂州府郯城縣。

【四】孔子見郯子、而學官。見左傳

周景王二十二年戊寅。時孔子二十九歲。學琴於師襄子。見韓詩外傳。索隱曰。師襄子。蓋魯人。論語謂之擊磬襄是也。

周敬王二年癸未。時孔子三十四歲。至周河南河南府。問禮於老聃。即李耳老子。見後二十九張。聃曰。吾聞之。良賈深藏若虛。君子盛德容貌若愚。去子之驕氣與多欲。態色與淫志。是皆無益於子之身。吾所以告子者若是而已。孔子去。謂弟子曰。鳥。吾知其能飛。魚。吾知其能游。至於龍。吾不能知其乘風雲而上天。吾今日見老子。其猶龍耶。見史記○索隱曰。良賈隱其寶貨。不令人見。故云若虛。正義曰。姿態之容色。與淫欲之志。皆無益於夫子。須去除也。後復訪樂於萇弘。遂反魯。○見孔子家語按明一統志。萇弘四川資州人。周敬王時爲大夫。死而血碧。劉人祀之。按前漢書萇弘明鬼神事。事周靈王。仕至敬王時。誅人殺之。

周敬王四年乙酉。時孔子三十六歲。時魯國亂。孔子適齊。今山東青州府。爲高昭子家臣。藉以通齊景公。與齊太師語樂。聞韶音。學之。三月不知肉味。見史記

周敬王十年辛卯。時孔子四十二歲。齊景公欲以尼谿田封孔子。晏嬰沮之。孔子返魯。修詩書禮樂。弟子

彌衆。見（史記）

周敬王十五年丙申。[illegible]孔子四十七歲。魯用孔子爲中都宰。見（家語）（何註）

周敬王十七年戊戌。[illegible]孔子四十九歲。進位司空。見（何註）（家語）

周敬王十九年庚子。[illegible]孔子五十一歲。爲大司寇。由大司寇攝朝政。誅亂政大夫少正卯。少正。官。卯。名。尸於朝三日。見（家語）（何註）

周敬王二十年辛丑。[illegible]孔子五十二歲。魯定公會齊景公於夾谷。山東泰安府萊蕪縣。孔子爲相。斬倡優侏儒。見何註家語。

周敬王二十二年癸卯。時孔子五十四歲。時孔子爲政於魯。魯國大治。齊人患其將霸。欲敗其政。乃餽女樂於魯。以惑君心。魯定公往觀終日。怠於政事。郊又不致膰俎於大夫。見何註家語 孔子遂去魯適衛。今河南衛輝府主於子路妻兄顏濁鄒家。衛靈公致粟六萬居之。見史記。

周敬王二十四年乙巳。時孔子五十六歲。適陳。河南陳州府。過匡。按明一統志。匡城。在河南歸德府睢州西三十里。按經傳釋義。在直隸大名府長垣縣西南。孔子狀類陽虎。爲季氏家臣。匡人以虎嘗暴於匡。遂止孔子。見史記子路彈琴。孔子和之。匡人釋圍。見何註家語。○按史記孔子使從者爲甯武子家臣。然後解匡圍。

周敬王二十五年丙午。時孔子五十七歲。過蒲。直隸大名府長垣縣。返衛。主於蘧伯玉家。伯玉。衛之賢大夫。衛靈公之夫人南子請見。孔子辭謝。不得已而見之。入門北面稽首。子路不悅。孔子矢之曰。予所否者。天厭之。天厭之。居衛月餘。衛靈公與夫人同車。宦者雍渠參乘出。使孔子為次乘。招搖市過之。孔子醜之。去衛過曹。（山東曹州府定陶縣。）適宋。（河南歸德府商邱縣。）與弟子習禮大樹下。宋司馬桓魋欲殺孔子。拔其樹。孔子曰。天生德於予。桓魋其如予何。遂去宋適鄭。（河南開封府鄭州。）與弟子相失。孔子獨立郭東門。鄭人視之。謂為形狀傀偉。而纍纍（不得意貌。）如喪家之狗。孔子遂至陳。主於司城貞子家。（見史記）

周敬王二十七年戊申。孔子五十九歲。去陳欲適衛。過蒲。蒲人止孔子。曰。苟毋適衛。吾出子。與之盟。出孔子東門。孔子仍適衛。子貢曰。盟可負耶。孔子曰。要盟也。神不聽。見史記。當過蒲入衛。削其轍迹。以絕追者。見莊子。孔子至衛。不得用。欲適晉。按史記測議註晉初都唐城。今山西太原府太原縣。後都絳邑。今山西平陽府翼城縣。見趙簡子。至於河。而聞竇鳴犢舜華。晉之賢大夫。已死。乃仍返衛。主於蘧伯玉家。靈公問陳。孔子遂行。如陳。見史記。

周敬王二十九年庚戌。時孔子六十一歲。在陳。魯季康子召冉求。孔子發歸與之歎。自陳如蔡。見史記。○蔡國。今河南汝寧府上蔡縣。

周敬王三十年辛亥。時孔子六十二歲。自蔡如葉。河南

南陽府葉縣。既而自葉返蔡。使子路問津。見史記

周敬王三十一年壬子。攸孔子六十三歲。楚昭王使人聘孔子。孔子將往拜禮。陳蔡大夫。恐其用於楚。陳蔡將危。遂發徒役圍孔子於野。不得行。絕糧。從者病。於是使子貢至楚。昭王興師迎孔子。乃得免。昭王欲以書社地七百里封孔子。楚令尹子西沮之。孔子自楚反衛。見史記

周敬王三十四年乙卯。非孔子六十六歲。夫人亓官氏卒。見年譜伯魚期而猶哭。孔子聞之。以亓官氏既爲

出母。父在。禮不應期後尚哭。乃怪之。且恨其太過而曰。嘻。甚矣。伯魚聞之。遂除之。見（禮記註疏）

周敬王三十六年丁巳。孔子六十八歲。魯哀公使人以幣如衛迎孔子。孔子歸魯。魯終不能用。見（孔叢子）孔子亦不求仕。乃刪詩述書。定禮理樂。制作春秋。讚明易道。垂訓後嗣。分見（史記）（何註家語）

周敬王三十七年戊午。孔子六十九歲。子鯉卒。見（何註家語）

周敬王四十一年壬戌。孔子七十三歲。按（公羊穀梁）孔子生魯襄公二十一年己酉。合周靈王二十年。恨則孔子卒。當為七十四歲。夏四月。寢疾七日。己丑。按鄉黨圖考己丑。當為十一日。卒。魯哀公誄之曰。天不遺耆老。莫相予位焉。嗚呼哀哉。尼父。乃葬於魯城北泗上。弟子皆服心喪三年。分見左傳禮記何註家語

右叙孔子一生事實也。

漢高祖十二年。恨十一月。過魯。今山東兗州府曲阜縣。以太牢。具牛羊豕三牲。祠孔子。見通鑑綱目

漢平帝元始元年。恨追謚孔子為褒成宣尼公。見冊府元

圖

東漢明帝永平二年。怮祀。周公孔子牲。以犬。見後漢書禮儀志

東漢明帝永平十五年。攸帝東巡。幸孔子宅。祀。仲尼及七十二弟子。見冊府元龜

曹魏邵陵公（名芳。初封齊王。曹魏之第三主。）正始二年。攸祀孔子以顏淵配。見三國志魏書

明儒邱濬曰。此乃顏子配享之始。見五禮通考

南齊武帝永明三年。州詔。祀孔子。樂。用。六佾。牲牢器用。悉依上公之制。見南齊書禮志

明儒邱濬曰。祀孔子用六

佾之樂始此。見五禮通考

元魏孝文帝太和十三年。詔立孔廟於京師。見冊府元龜

元魏孝文帝太和十六年。詔改孔子謚宣尼公曰文聖尼父。見冊府元龜

唐高祖武德七年。詔制周公爲先聖。貶孔子爲先師。配享周公。見唐書禮樂志

五禮通考曰。周公孔子分爲先聖先師。至此始有明文。

唐太宗貞觀二年。詔停祭周公。而升孔子爲先聖。顏子爲先師。見玉海

唐太宗貞觀四年。詔州、縣、皆、作、孔子廟。見（唐書禮樂志）

（五禮通考）曰。此州縣立孔廟之始。

唐高宗永徽中。復以周公爲先聖。貶孔子爲先師。顏回等從祀。見（唐書禮樂志）

唐高宗顯慶二年。復升孔子爲先聖。見（舊唐書禮儀志）

唐高宗乾豐元年。追贈孔子爲太師。祭以少牢。見（通鑑綱目）○具羊豕二牲。爲少牢。

唐高宗總章元年。詔贈顏回爲太子少師。曾參爲太子少保。見（冊府元龜）

明儒邱濬曰。此追贈孔門弟子之

始。見(五禮通考)

唐武后天授元年。[illegible] 封孔子為隆道公。見(文獻通考)

唐睿宗太極元年。[illegible] 加贈顏回為太子太師，曾參為太子太保，皆配享孔子。見(唐書禮樂志)

唐玄宗開元[illegible]中。制祀孔子用籩豆各十。見(金史禮志)

唐玄宗開元八年。[illegible] 敕改顏子等十哲為坐像，並圖畫七十子於廟壁上。見(文獻通考)

唐玄宗開元二十七年。[illegible] 先是廟內，周公南面坐，而孔子坐西墉下。是年制孔子南面坐。見(唐書禮樂志) 同年升孔子為文宣王。制被王者袞冕之服。贈弟子為公侯伯。見（舊唐書禮儀志）明儒邱濬曰。此孔子封王。弟子封公侯之始。見（五禮通考）

唐玄宗開元末。以祀孔子禮升為中祀。見（宋史禮志）

宋眞宗大中祥符元年。加諡孔子曰玄聖文宣王。見（宋史眞宗本紀）同年。追封孔子父叔梁紇為齊國公。母顏氏為魯國太夫人。妻亓官氏為鄆國夫人。見（文獻通考）

宋眞宗大中祥符五年。改孔子諡玄聖文宣王。曰至聖文宣王。見（宋史眞宗本紀）祀孔子以籩豆各八。見（宋史禮志）

宋神宗熙寧八年。制孔子用上公之冕九旒。見文獻通考。

宋神宗元豐六年。封孟軻為鄒國公。七年。配享孔子。見宋史神宗本紀

宋徽宗崇寧元年。追封孔子之子鯉。為泗水侯。孫伋為沂水侯。見宋史徽宗本紀

宋徽宗崇寧三年。詔文宣王殿為大成殿。見文獻通考

宋徽宗崇寧四年。加禮孔子冕用天子之制十二旒。見文獻通考

宋徽宗政和三年。以前王安石（宋臣。史批邪僻小人。）於徽宗崇寧三年。以配享於孔廟。亞孟軻。（見通鑑綱目）孔子中位。左顏子而右孟子。安石在顏子之亞。至是以安石爲聖人。不當在孟子之下。遂降遷孟子之位。而以安石升於孔子之右。（見輟耕錄）宋高宗紹興十年。以祀孔子以籩豆各十二。禮如社稷大祀。（見国湖）金世宗大定十四年。以前王安石於宋欽宗靖康元年。以罷配享孔子。降移安石之像。未將孟子之像升

遷原位。見神廟前錄至是。乃復升孟子之像於孔子之右。見宋史禮志

金章宗明昌三年。敕詔孔子之名令迴避。見金史章宗本紀

宋度宗咸淳三年。敕詔封孔伋沂國公。配享孔子。見宋史禮志

元世祖至元十八年。敕貶孔子為中賢。不足稱聖。見通鑑補論

元世祖至元三十一年。敕世祖正月崩。秋七月成宗詔中外復崇奉孔子。見元史成宗本紀

元成宗大德十一年。（成宗正月崩。）七月。武宗加封孔子
至聖文宣王。為大成至聖文宣王。（見元史武宗本紀）
元仁宗延祐三年。封孟軻父為邾國公。母為邾國
宣獻夫人。（見元史仁宗本紀）
元文宗至順元年。加封孔子父齊國公叔梁紇。為
啟聖王。母魯國夫人顏氏。為啟聖王夫人。（見元史文宗本紀）
元文宗至順三年。封孔子妻鄆國夫人亓官氏。為
大成至聖文宣王夫人。（見元史文宗本紀）
明太祖洪武五年。以孟子之則臣視君如草芥寇

譬之語。非臣子所宜言。詔罷孟子配享孔廟。分見（明史錢唐傳）（明史禮志）

明太祖洪武六年。（一三七三）以孟子辨異端闢邪說。發明孔子之道。詔復配享如故。見（明史禮志）

明太祖洪武十五年。（一三八二）除去孔子塑像。令設木主。見（明史禮志）

明成祖永樂八年。（一四一〇）令孔廟聖賢繪塑衣冠。見（明會典）

明憲宗成化十二年。（一四七六）加禮孔子樂用八佾。籩豆各十二。見（明史禮志）

明世宗嘉靖九年。[illegible]以祀孔子用祀天儀非正禮。其僭天子之禮。亦非所宜。除去孔子王號。及大成文宣之稱。定謚至聖先師。祠宇稱廟。不稱殿。改大成殿爲先師廟。屏撤塑像。製木爲神主。籩豆用十。樂用六佾。削去配位公侯伯之號。（見明史禮志）

右述歷朝崇祀孔子也。

辨 歷觀孔子事實編年。按其生於周靈王二十一年。卒於敬王四十一年。向欲加年學易。俾無大過。雖未遂願。而補過日新。蓋至老彌篤焉。按其問官郯子。學琴師襄。問禮老聃。訪樂萇弘。則其好學不厭。下問不恥。求道之念。孜孜靡已。又按其教學闕里。講禮檀下。則其語上語下。誨人不倦。與人爲善之心。又何其深切耶。且也爲政於魯。斬侏儒。誅少正。國由大治。而素王之稱。良有以也。至於删詩書。定禮樂。作春秋。以之垂訓後世。而其文德著矣。孔子生於周衰之世。當時固出類拔萃。莫與比隆。豈僅爲東魯儒生也哉。雖然。孔子縱超異於人。究亦不外乎有生有死之人。不外乎上主所造之人也。

且其所以異於常人者。均屬上上賦畀者也。故孔子亦不忘其所自。嘗曰天生德於予。則敬孔子者。先當敬孔子之所自。造孔子之上主。庶乎其可也。但（重增搜神記）臚述釋迦觀音等無稽人鬼。百有數十。妄列孔子為首。並謂孔子生日。有二龍繞室。五老（五星之精）降庭。且有文在胸。曰制作定世之符。彼以誕妄之人類孔子。不經之事侮孔子。直欲以敬人鬼之禮敬孔子。正不知孔子之所以為孔子矣。

按歷朝之敬禮孔子。其祀祭於魯。始於漢高祖。追

贈其謚始於漢平帝。立其廟於京師。始於元魏孝
文帝。令建其廟於各州縣。始於唐太宗。祀其門人
弟子。始於漢明帝。以孟子配享。始於宋神宗。追封
其父母妻配。始於宋眞宗。又封其子若孫。始於宋
徽宗。見上十九至二十三張此乃歷朝崇祀致敬於孔子。推
及於其父母妻配。若子若孫。與其及門私淑弟子
之原委也。然各朝之敬禮孔子。亦隨時爲隆殺。葢
其祀禮也。升降無常。有祀以太牢。有祭以少牢。有
祀以犬。有以大祀之儀。樂舞八佾。籩豆十二。冕如

天子之制。旒用十二。有以中祀之儀。樂舞六佾。籩豆或十或八。冕如上公之制。旒惟有九。(見上十九至二十四張)其謚號也。陟黜又無常。孔子周公迭為先聖。顏回孔子互作先師。初封為公。旋降為先師。復陟為公。繼陟為王。嗣又黜為中賢。令勿稱聖。(見上二十至二十三張)其孟子配享也。亦迭升迭降。忽去忽復。(見上二十二至二十四張)推其祀禮之升降。謚號之陟黜。皆由禮臣之擬議。人主之主裁。時代之好惡也。〔日知錄〕言古人每事必祭其始之人。耕之祭先農也。蠶之祭先蠶也。學。之。祭。先。師。也。一。也。吾維孔子。祖述堯舜憲章文武。古帝王道緒。賴以不墜者。孔子與有功焉。稱爲學之先師。洵屬相當。則今之人尊之爲先師。最爲允洽。幸勿因各人偏見。逞一時好惡。或失之太過。或失之不及。以尊我孔子也。

當讀孔子之書。上自朝廷理國之大經。下迄庖廚割肉之細事。靡不諄諄垂訓。其大旨。則曰。人之自檢也。當克己復禮。惟精惟一。人之立身也。當守三綱五常。人之接物也。當嚴三德九思。夫此數端。固人之所必不可無者。無此數端。不可以爲人。然止此數端。尙不可以爲全人。蓋人之所以爲人。猶有當盡之職在也。其職維何。要知人非自有。而有造之使有者。造之使有者。稱曰上主。我既爲上主所造之人。則我於上主必有所當盡之職。猶我爲君之民。有當盡之職於我君。我爲父之子。有當盡之職於我父也。人於上主當盡之職。約之有五。曰信。曰望。曰愛。曰敬。曰遵。信者何。誠信上主爲自有。造化萬彙之大主。及其所示諸道。因其至眞至實也。

望者何。叨望上主賞賜所許神形諸恩。及生後永福。因其至忠至信也。愛者何。摯愛上主於萬有之上。因其至慈至善。全備諸德自產全德也。也。敬者何。欽敬上主為至尊至貴。獨一無上之大主也。遵者何。恪遵上主所示之誡命禁令也。凡此五事。乃人之所以為人之要務。孔子雖有敬畏昭事。捨身成仁之訓。而於此五事。未嘗言及。我故曰。止知孔子書中之數端。尚未能全所以為人之職也。世之讀孔子書者。幸再將上主聖道之經典。悉心體味。俾知人之本原。生自何來。人之現在。當行何事。人之究竟。將往何所。庶毅然自立。行其五事。全其人之所以爲人之職也。跂予望之。請閱（性理眞詮）（孫世略說）（眞道自證）（十誡直詮）

老君

（引）老君者。道教之祖師老子也。道家稱老子曰。昔天地未分。陰陽未判。洪濛杳冥。寥廓無光。中有百千萬重正氣。而化身妙無聖君。號曰妙無上帝。自然元始天尊。（見後五十七張）一號天寶丈人。次結百千萬重正氣。而化生妙有聖君。自稱妙有大帝。虛皇玉晨大道君。一號靈寶丈人。次又結百千萬重道氣。化生混沌聖君。紀號至尊大帝。萬變混沌玄君。一號神寶丈人。後又歷代化身。常為帝師。黃帝（按竹書紀年一）時。為廣成子。（廣成丹隱）

居甘肅平涼府崆峒山。黃帝嘗就問道。告曰。至道至精。窈窈冥冥。至道之極。昏昏默默。我守一處和。故千二百年。而未嘗衰老。授帝以陰陽經。**少昊**按竹書紀年以**時。爲隨應子。**隨應子。少昊時出降於崆峒山。說莊敬經。又號太極先生。**顓頊**按竹書紀年以**時。爲赤精子。**赤精子。顓頊時出說微言經。**帝嚳**按竹書紀年以**時。爲祿圖子。**祿圖子。帝嚳時出降於江濱。說黃庭經。**唐堯**按竹書紀年以**時。爲務成子。**務成子。堯時出降於山西平陽府姑射山。說玄德經。**虞舜**按竹書紀年以**時。爲尹壽子。**尹壽子。舜時出降於河陽。說道德經。**夏禹**按竹書紀年以**時。爲眞行子。**眞行子。禹時出降於陝西西安府商山。授禹九疇書。治水眞文。**殷湯**按竹書紀年以**時。爲錫則子。**錫則子。禹時出降於安徽安慶府潛山。作長生經。一號錫壽子。○又稱老子上三皇時。爲玄中法師。下三皇時。爲金闕帝君。伏羲時爲鬱華子。神農時。爲九靈老子。於大成子。祝融時。爲廣壽子。周文王時。爲燮邑子。武王時。爲育成子。康王時。爲郭叔子。漢初。爲黃石公。漢文時。爲河上公。在越爲范蠡。在齊爲鴟夷子。在吳爲陶朱公。蓋老子數易名字。無世不出。然其現示誕生之跡。則於商王南庚五年庚申。按竹書紀年內。按通鑑紀年。南庚五年非庚申。寄胎投生。按重增搜神記。老子寄胎於商王陽甲時。按竹書紀年陽時有玄妙玉女。父名靈飛。祖名慶賓。本皋陶之裔。玉女年已八十。而尚未字。老子乘太陽日精。化爲玄黃彈丸。適玉女晝寢。流入口中。吞之而孕。懷妊八十一年。按神仙傳懷妊七十二年。至武丁三十四年庚辰。按竹書紀年內二月十五日。當太陽將出。玉女在園中。

手攀李樹。對日凝思。良久。日精漸小。從天墜下。化爲流星。如五色珠。飛至口邊。因捧而吞之。忽左腋坼剖。而娩嬰孩。生而白首。名之曰老子。面凝金色。舌絡錦文。矩目（神仙傳云大目）。長耳。疎齒方口。鼻有雙柱。耳有三漏。甫生。有九龍吸水浴之。龍出之地。遂成九井。浴後即行九步。復蹲坐李樹下。指樹曰。以此爲吾姓。遂姓李。玉女亦姓李。並從母姓也。因其生後即能言笑行動。人皆以爲怪異。或請坑之。乃玉女父靈飛命善撫之。生甫九日。身有九變。皆天冠天衣。自然被體。及長。身長十有二尺。按(史記正義)。老子長八尺八寸。形如喬木。遠遊山澤。遇太乙元君。按(抱朴子內篇)元君者。大神仙之人。能調和陰陽。役使鬼神。興作風雨。驂駕九龍十二白虎。天下衆仙皆隸焉。授以祕術。守眞抱一。服氣煉丹。遂能乘空凌虛。隨意所適。周文王時。自號文邑文生。授官守藏史。武王時。為柱下史。成王時。辭職西遊。至天竺迦維羅越國。釋迦佛生之國。康王十八年。歸東土西都。入館就前職。昭王十二年。復西往。駕青牛車。過函關。函谷舊關。在河南陝州靈寶縣。遇關令尹喜。按(綱目集覽)(綱目質實)尹喜字公度。天水人。周康王時為函谷關令。一云。為散關令。與老子往流沙之西。莫知所終。著書九篇。名(關尹子)天水今甘肅秦州。散關在陝西鳳翔府寶雞縣西。相見甚得。初老子仕時。雇徐甲爲隨佮。約日値百錢。逌老子欲西遊出關。甲已隨役二百餘年。計値七百二十萬錢。甲索償不可得。乃倩人作辭。詣尹喜以告老子。喜得辭大驚。乃見老子。老子召甲問曰。昔我官卑家貧。無有使役。故賃汝使用。當以太玄清生符與汝。致汝活至今日。不然。汝應死久矣。吾曾語汝。待到安息國。按（北史）安息國在葱嶺之西。去長安一萬七百五十里。當以黃金計値還汝。汝何以不能緩耶。乃使甲張口向地。其太玄眞符。立出於地。丹書文字如新。

甲成一聚枯骨矣。尹喜乃叩求老子。賜甲復生。并乞願代償值。老子復以太玄符投之。甲立更生。喜即以錢二百萬與甲。遣之還。未幾老子自御青牛而去。分見神仙傳、眞誥、續文獻通考、神仙通鑑、重增搜神記

至天竺維衛國。投胎於國后淨妙懷中。誕生爲釋迦文佛云。見南史齊書顧歡傳。○按八紘譯史天竺國人獷猂。以善終爲不祥。戰死爲吉利。老聃騎青牛出關。至其地。惡其强暴。乃於淨飯夫人口中。託生爲佛。故後其俗殺性漸殊。○老子往天竺化胡之說。佛家甚惡之。故高僧傳曰。道家王浮作老子化胡經。誣謗佛法。故死後被罰鎖械。

右述老子之事實也。

東漢桓帝延熹八年（乙巳）正月，遣中常侍左悺之苦縣。按（地理韻編）：苦縣在河南歸德府鹿邑縣東。祀老子。九年（丙午）夏四月，帝又親祀老子於濯龍殿。見（通鑑綱目）

蕭梁孝元帝（名繹）承聖三年（甲戌）八月，講老子於龍光殿。時敵兵已近，（魏主廓伐梁。）而講不輟，百官戎服以聽。見（通鑑綱目）

唐高祖武德三年（庚辰）五月，有晉州人（按（地理韻編）：晉州今山西平陽府臨汾縣。）吉善行自言於羊角山，（按（明一統志）：羊角山在山西平陽府翼城縣東北三十里。）見白衣老父曰：為吾語唐天子，吾為老君，吾而

祖也。高祖因立廟祠老子。見通鑑綱目

唐高宗乾封元年春。至亳州。按明一統志。安徽潁州府亳州。舊有老子祠。謁老子廟。上尊號爲太上玄元皇帝。見通鑑綱目

唐睿宗文明元年武后光宅元年。九月。冊老君妻爲先天太后。立像於老君廟。見通志略

唐玄宗開元十四年九月。加封老子爲玄元皇帝先聖眾師。見冊府元龜黃老部

唐玄宗開元二十九年夏閏四月。帝夢老君云。吾像在京城西南百餘里。遣使求得之於盩厔。陝西西安府盩

屋縣。迎置興慶宮。見（通鑑綱目）

唐玄宗天寶元年壬午正月。陳王府參軍田同秀。言老君告以藏靈符在尹喜故宅。按（綱目集覽）尹喜爲散關令。在陝西鳳翔府寶雞縣西。帝遣使得之。見（通鑑綱目）

宋眞宗大中祥符七年甲寅正月。祀老子於太淸宮。尊號爲太上老君混元上德皇帝。見（通鑑綱目）

右述歷朝崇祀老子也。

（辨）按老子爲道氣化身。見上二十九張 試問道氣爲何物。道者。理也。理依人而行。非自立之體也。氣者。上浮下凝。有體無靈之物也。見前九張是道氣烏能化身。烏能化身而爲帝師。又烏能化身而爲廣成子等哉。

按老子之母玉女。稱係八十歲處子。呑太陽之彈丸而得孕。啖日精之彩珠而分娩。見上三十張立說之不經。莫此爲甚。況老子有妹。按莊子天道篇老子以鼠壤有餘蔬而棄妹。豈伊妹亦係玉女呑太陽而生哉。

按老子甫生。卽能步履蹲坐。言笑行動。龍吸水以浴之。天置衣以被之。及長。得元君祕術。能乘空凌虛。遂意所適。見上三十張種種誕妄。顯著毫端。無庸置辨。況老子既能乘空淩虛。無往不可。則亦何需賃徐甲為隨价。乘青牛而過關乎。見上三十一張 總之虛妄之說。往往自相矛盾。不攻自破。彼夸大老子者。徒知矜奇好異。尚少瞻前顧後耳。

按老子仕時。賃徐甲為隨价。無以償值。乃以延生符為質。約其至安息國黃金償之。嗣因徐甲索值。乃置之死。繼因尹喜代償。復令之生。見上三十一張 此種虛妄之說。乃其尤著者也。且老子果能延人生命。豈反不能自籌日用。何亦貧如洗若是。既曰至安息國有黃金。何不匯劃來華。以償傭值。況怒傭索值。置之死。友爲代償。介之生。非但不經。更屬鄙陋不足挂諸齒頰者也。

按莊子曰。老聃死。秦失（一作佚）弔之。三號而出。馬氏繹史老子篇註曰。據此。老氏未嘗不死。則出關化胡。莫知所終。妄。是老子非仙去。非入胡確而有徵矣。

按東漢桓帝遣官祀老子。繼又親祀。（見上三十二張）冊府元龜云。老子自桓帝祀後。百姓稍有奉者。是桓帝前未有奉老子者也。綱目書法曰。人主崇道教始此。故綱目謹書之。又曰。綱目書親祀何。譏不當親者也。（見通鑑綱目）桓帝之祀非當祀。親非當親。史冊無所用其隱諱其所以誅作僞。而懲淫祀者。嚴矣。

按梁孝元帝講老子於龍光殿。（見上三十二張）綱目發明曰。其父（梁武帝）講佛書於同泰寺。（梁武帝中大通元年幸）未幾而有侯景之禍。（梁武帝太清三年。爲侯景所逼而卒。）其子（孝元帝）復講老子於龍光殿。未幾亦有江陵（湖北荊州府江陵縣。）之禍。（魏主廓伐梁。入江陵。孝元帝出降。尋被魏人所殺。）書之於冊。後之溺佛老

者可以鑒矣。見通鑑綱目

按唐高祖信吉善行之言。藉以誇揚宗系。認老子爲祖。立廟祀之。高宗玄宗繼之。并尊號玄元皇帝。衆聖先師。見上三十二張宋儒范祖禹曰。唐祖老子。由妖人之言。而諂諛者附會之。高祖啟其原。高宗玄宗扇其風。遂用方士之言。而躋之於上帝。卑天誣祖。悖道甚矣。見通鑑綱目

按唐玄宗開元二十九年。帝夢老子告以像在盩厔。遣使求得之。天寶元年。旼因田同秀告以老子

言靈符在尹喜故宅。亦遣使求得之。見上三十三張〔綱目〕

眉批曰。玄宗託夢以誑人。求像得像。求符得符。明是使者附會斯言信不誣也。見〔通鑑綱目〕

〔宋〕儒范祖禹曰。人之有夢。蓋其心之動也。玄宗意於庶政。志求神仙。惑方士之言。自以老子爲其祖。感而見於夢。亦其誠之形也。自是迂怪日聞。詭譎成俗。奸宄得志。而天下之理亂。繫人君心術。可不愼哉。見〔通鑑綱目〕

〔綱目發明〕曰。玄宗誕謾荒忽。既夢老君之像。遣使

求之正使無有則使者亦必附會來上此固無可疑者綱目書得而不言其所以得讖之明矣見通鑑綱目

通鑑綱目曰唐玄宗天寶元年改正月以田同秀之告得靈符於尹喜故宅二月以田同秀為朝散大夫時人皆疑寶符同秀所為也間一歲清河山東東昌府恩縣人崔以清復言見老君云藏符在武城山東臨清州武城縣紫薇山敕使往掘亦得之東京留守留守官名守京都之官也王倕知其詐按問果首服王倕究訊而崔以清乃吐實供

謬詐。其奏之。上亦不深罪也。綱目眉批曰。紫微山之藏符既僞。尹喜宅之靈符。豈得獨眞。特未經按問耳。

宋儒范祖禹曰。玄宗崇老喜仙。故其大臣諛。小臣欺。蓋度其可爲而爲之也。不惟信而惑之。又賞以勸之。陞田同秀爲朝散大夫。則小人孰不欲爲姦罔哉。見通鑑綱目

按宋眞宗大中祥符七年閏正月。祀老子於太清宮。加封爲太上老君混元上德皇帝。見上三十三張初祥

符六年。帝將祀老子太淸宮。龍圖閣待制孫奭上疏諫曰。陛下每事慕效唐明皇。玄宗豈以爲令德之主耶。明皇禍敗之迹。（史）載唐玄宗即位以來。奢欲固未免。而善政可紀者亦多。晚節乃惑於鬼神。姦臣執權。艷妃亂政。以致安祿山叛。帝出奔蜀。有足爲深戒者。非獨臣能知之。近臣皆知之而不言者。此懷姦以事陛下也。臣願陛下早自覺悟。則天下幸甚。乃眞宗以享老子。非明皇始作解疑論。以示羣臣。孫奭又上疏曰。明皇時。田同秀等爲靈符。而未加顯戮。明皇自謂德實動天。神必福我。一旦變起。（史）載唐玄

宗天寶十五年。逆安祿山陷京都長安。殺戮無度。老君詎肯禦兵。寶符安能排難耶。見弘簡錄孫奭傳

綱目發明論宋眞宗好道教曰。夫以良法善政。行之於明王者。後世多不能用。而驕奢縱侈之事。行於庸主之時者。後世遵之不遺。此無他義。利不兩立故耳。眞宗事事慕效唐之明皇。而乃強辯飾非。驕矜自肆。雖孫奭反覆曉告。愎而不聽。惜哉。故綱目直書以著其失。見通鑑綱目

由是觀之。道家所述老子事實。一經澈究。既如是

無稽。而後世崇奉老子者。見斥於史乘先儒。又如是痛切。今之好道教敬老子者。當知余之攘斥老君。具有根據。並非臆說。人其知所反焉可。

引史記老子傳曰。老子者。楚苦縣按地理韻編苦縣在河南歸德府鹿邑縣東。厲鄉厲。音賴。曲仁里人也。姓李氏名耳。字伯陽。諡曰聃。周守藏室之史也。孔子適周。問禮於老子。孔子去。謂弟子曰。吾今日見老子。其猶龍耶。老子修道德。其學以自隱無名為務。居周久之。見周之衰。迺遂去。至關。見上三十一張關令尹喜曰。子將隱矣。彊為我著書。於是老子迺著書上下篇。言道德之意。五千餘言而去。莫知其所終。或曰。老子即是老萊子。亦楚人也。按列仙傳老萊子。楚人。當時世亂。逃世耕於蒙山之陽。楚王至門迎之。遂去。至於江南而止。○蒙山在湖北安陸府。或曰。即是周太史儋。按史記封禪書。儋見秦獻公。索隱曰。孟康云。即老子。韋昭云。年表儋後孔子百餘年。非老聃。或曰。非也。世莫知其然否。老子隱君子也。老子之子名宗。宗為魏將。封於段干。世之學老子者。則絀儒學。儒學亦絀老子。道不同。不相為謀。豈謂是耶。李耳無為自化。清靜自正。

路史曰。少昊金天氏黃帝之子。之後裔。有李氏名乾。字元杲。爲周上御史。〔註〕元杲。老子之父。〔玄妙內篇〕云。老子母無壻。故范祖禹曰。老子父。書傳無見。非也。

胎刖耳眇。取洪氏曰嬰敷〔註〕元杲胎刖無耳。一目不明。生而孤單。年七十二無妻。與鄉氏人益壽氏野合而娠。十年而生。儒道二家。多言老母爲益壽氏。妄也。或云。乾娶㜸氏。宜非一娶云。

感飛星而震。震。猶娠也。十有二年。副音逼。裂也。左而生儋。〔註〕周宣王四十二年乙卯。二月十五日生。〔劉向列仙傳〕生於商時。妄。

曰玄祿。〔註〕〔集眞錄〕老子始生。母名之曰玄祿。是爲伯陽。甫生而能語。黃面皓首。故謂老子。耳有參扇。故名耳。而字儋。〔註〕卽聃。太史儋。世以爲二人。不知儋與聃同。

幹籍九尺。方童瞳通。長眉。鼻雙柱。齒六八。〔註〕〔仙傳〕云。生而能語。九日長九尺。大抵傳記老子事。至多難稽云。○六八。謂四十八。按〔老子內傳〕齒有四十八。

邑於苦

集說詮眞　一　老君　四十

之賴。賴乃萊也。故又曰老萊子。註世以老萊子別一人。亦非。列女傳云。萊子逃世。耕蒙山之陽。楚王求之。按高士傳。孔子至楚。見老萊子。時已二百餘歲。斑衣戲母側。所問答皆禮事。知非二人。孔子學禮時。年十七。當周景王之十年。惟老子時二百五十餘歲。蓋弃仕矣。以三十六法治心理性。究忠盡孝。桓莊世周桓王。莊王。柱下史。簡靈世。周簡王。靈王。作守藏史。註一云。平王時。爲太史。著道德經。孔子嘗學禮焉。儋入秦。西歷流沙八十餘土。化暨三千九萬品戒。化胡成佛。壽四百有四十。儋生宗。邑段干。世濟其德云云。見路史後紀

又曰。或云。老子生於李下。而以爲姓。或云。因亂食苦

李而得姓。或又以為饑餌木子而姓之，均為妄誕。暨葛孝先直謂老子之母李氏女也。故老子因母以為姓。迨其孫洪，傳諸神仙。因謂老子生於李家，猶為李姓。非也。見路史發揮。○葛孝先名玄。仙號葛仙公務。三國時吳人。葛洪字稚川。晉時句容人。

辨按史記老子傳無不經之語。路史所記，雖間涉不經。然其註即解之曰。大抵傳記老子事，頗多難稽云。見上四十張 至老萊子。周太史儋，是否即老子一人。史記疑而不決。路史乃直斷之為一人。見上四十張

或曰。史記撰由漢儒司馬遷。而路史纂由宋儒羅

長源。史遷去周未遠。所記宜爲近是。余則未遑核
考。蓋均無關於茲篇之立意也。惟按路史。老子之
父姓李名乾字元杲爲周御史。娶洪氏而生聃。見上
四十張則老子非生於商代。非生於無父。非妊於玉
女。非從母姓。亦非指李樹爲姓。見上三十張乃係周時
人。李氏子。居官守藏史。人也非神也。又按史記所
載。老子無爲自化。清靜自正。亦不過一正直無私
之人耳。其曰莫知所終。見上三十九張亦不過謂死於何
時何地。無可稽考。並不謂其成仙化佛也。是老子

稱爲隱君子。(見上三十九張)則可。稱爲道氣化形之帝師(見上二十九張)則不可。稱爲玄元皇帝等號。(見上三十三張)更不可。奉爲主宰禍福。統理羣生。則尤萬萬不可。

釋迦佛

引 釋迦佛。釋教之祖師也。佛者。天竺國語。漢言覺也。謂覺悟羣生也。見後漢紀 又譯華言。淨覺。謂滅穢成明道爲聖悟。佛又稱佛陁。浮圖。浮屠。俱係音聲相近。轉爲二音。釋迦佛之前。已有六佛。見魏書釋老志 一曰毘婆尸。二曰尸棄。三曰毘舍浮。四曰拘留孫。五曰拘那舍牟尼。六曰迦葉。見地持經 ○此迦葉非釋迦之徒摩訶迦葉。 釋迦之後。稱爲佛者。數以千計。釋教之奉爲祖師者。惟釋迦是。釋迦。其號也。又號釋迦文。見魏書釋老志 牟尼。其名也。又名悉達多。

見金剛經慧會集解瞿曇。其姓也。又姓剎利。見釋迦方志曰如來。曰世尊。曰無上士。見法華經乃釋家尊佛之稱也。釋迦之父名淨飯。見普曜經又名白淨梵。見神仙通鑑又名白淨。見牟子又名屑頭邪。見浮屠經母名淨妙。見南史齊書又名摩耶。見普曜經又名莫邪。見浮屠經釋迦出身之國。稱迦維衛。見魏書釋老志又稱迦維羅越。見太平御覽又稱臨兒。見魏略又稱臨倪。見史略其國在天竺。見魏書釋老志即今之印度國也。釋迦佛係李老子化身。蓋老子於周昭王時。西往至天竺維衛國。國王夫人淨妙晝寢。老子乘日精入其口中。見南史齊書淨妙遂夢六牙白象而孕。見〔神仙通鑑〕十月滿足。四月八日。夫人遊園。攀無憂樹。按〔酉陽雜俎〕無憂樹。女人觸之。花方開。樹下忽出蓮華。大如車輪。釋迦從夫人右脇而生。墮在華上。見〔大藏經〕時周昭王二十六年甲寅。見〔金剛經旁解〕○各書紀佛。頗多岐異。〔普曜經〕曰。佛從兜率天。降神西域。迦維衛國。淨飯王宮。摩耶夫人。剖右脇而生。○〔老子開天經〕曰。老子於周敬王元年。故入胡。○〔隋書經籍志〕曰。佛生於周莊王之九年。丗四月八日。○〔續文獻通考〕曰。佛生於周昭王二十四年。四月八日。○〔法顯記〕曰。佛生於殷末。道成於周初。

釋迦生時。有二龍、神降。一吐冷水。一吐溫水。沐浴其身。見〔神仙通鑑〕○按〔金剛經慧會集解〕九龍噀水。甫生墜地。即作獅子吼。見〔金剛經慧會集解〕一手指天一手指地。周行七步。目顧四方。曰。天上天下。惟我獨尊。見（宗門拈古彙集）其身色黃。爪赤如銅。髮青披地。見（帝曆經）頰如獅子皮。不受塵水。手足皆鉤鏁。鏁同鎖毛悉向上。見（牟子）淨妙生釋迦後二年。復舉一子。名那竭。見（神仙通鑑）。按（輟耕錄）釋迦生七日。母摩耶棄世。淨妙卒。姨憍曇撫育二子。見（三才圖會）。釋迦爲太子時。娶有三夫人。一名瞿夷。一名耶輸陀羅。一名摩奴舍。見（華嚴經）釋迦手指耶輸陀羅腹。便覺有娠。乃生一子。名羅睺羅。見（三才圖會）釋迦年十九。踰城出家學道。按（續博物志）佛年二十九。於二月十五日夜出家。先居檀特山。嗣居雪山。

見（神仙通鑑）後至舍衛國。每日身披袈裟。手持鉢盂。跣足入城。沿家乞食。乞已。出城。歸孤獨園。（佛說法處）與千二百弟子同居。（見呂祖註講金剛經）所收之弟子。男曰桑門。（或譯沙門）言息心。而總曰僧。譯言行乞。女曰比邱尼。皆剃落鬚髮。辭家和居。乞食自資。俗人皈依者。男曰優婆塞。女曰優婆夷。均去殺。盜。婬。妄言。飲酒。是謂五戒。（見隋書經籍志）

初釋迦患背疾。令侍者阿難陁。向廣熾（俗人皈依佛者）求胡麻油。廣熾辦油親往。爲釋迦塗洗。背疾乃愈。（見毗婆沙論）後、背病復發及篤。乃以手摩胸告衆曰。汝等善觀吾紫磨金色之身。見（宗門拈古彙集）吾今背痛。將入涅槃矣。按（隋書經籍志）涅槃。一云般涅槃。又云泥洹。譯言滅度。猶云謝世也。時釋迦北首而臥。見（涅槃經）○按（太平御覽）後世繪臥佛像由此始於拘尸那城。一名拘尸那竭城。婆羅、雙樹間。見（隋書經籍志）求生不得。求死不得。見（宗門拈古彙集）遂於二月十五日去世。見（隋書經籍志）釋迦年三十成佛。按（續博物志）佛年三十五得道。在世行道四十九載。見（魏書釋老志）○（妙法蓮華經）曰。佛周流諸國。乞食五十餘年後歸。○（金剛經旁解）曰。佛生於周昭王二十六年甲寅。四死於周穆王五十三年壬申。故在世七十九年。○（神仙通鑑）曰。佛死於周穆王四十三年。按（竹書紀年）之辛丑。閏二月十五日。釋迦卒後。其弟那竭作金棺以殮。諸弟子積薪焚之。燼後。

金棺如故。見(神仙通鑑)大弟子摩訶迦葉至。釋迦以雙趺(足背也。)露於棺外示之。迦葉作禮。請發火自焚。即時其棺忽舉。繞行拘尸那城七匝。卻還本處。遂發火自燃(見宗門拈古彙集)燃後。其骨分碎。大小如粒。弟子收置於瓶。建塔廟而供奉焉。見(魏書釋老志)釋迦嘗投身餵虎。捨頭施人。挑眼濟人。變魚飼人。并剝皮爲紙。折骨爲筆。見(洛陽伽藍記)釋迦之大弟子有十。一曰摩訶迦葉。二曰阿難。三曰須菩提。四曰舍利。五曰弗迦旃。六曰延目。七曰乾連。八曰阿難連。九曰優波離。十曰羅睺羅。自比仲尼之十哲。見（讀書紀數畧）追述釋迦所說。綴以文字。集經十二部。見（隋書經籍志）其後纂爲二十四章。見（神仙通鑑）佛教由是興焉。

右述釋迦事實。及佛教之始也。

（引）佛教之說。推尋典籍。自漢以上。中國未傳。或云久以流布。遭秦之世。所以湮滅。按（事物原會）秦時沙門室利房等至。始皇以爲異。囚之。夜有金人破戶而出。其後西漢孝武元狩中。討匈奴。將其衆五萬來降。獲其金人。帝以爲大神。列於甘泉宮。金人率長丈餘。不祭祀。但燒香禮拜。此則佛道流通之漸也。及孝武帝使張騫至西域大夏國。按前漢書大夏國在天竺國之西北。還傳其旁有身毒國。一名天竺國。始聞有浮屠之教。哀帝元壽元年。博士弟子秦景受大月氏王按前漢書氏音支。大月氏國。在葱嶺山之西。去長安萬一千六百里。使伊存口授浮屠經。中土聞之。未之信也。迨東漢明帝永平五年徵壬戌夏。帝夢一金身長人。丈有六尺。項發光明。飛行殿庭。明日述此以問羣臣。傅毅按後漢書傅毅傳毅字武仲。陝西西安府興平縣人。少博學。以明帝求賢不篤。士多隱處。嘗作詩以諷。累拜郎中。對曰。西方有神名佛。其形長丈六尺。而黃金色。陛下所夢。將必是乎。

帝於是遣郎中蔡愔、博士弟子秦景、王遵等，使天竺問其道術，並圖其形像。愔等得佛經四十二章及釋迦立像，并邀沙門（沙門，僧也。）攝摩騰、竺法蘭東還中國。永平八年（歲乙丑）至洛陽。（河南河南府城東，洛水北，即周公所營成周，東漢都此。）帝出西陽門郊迎。當愔之來也，以白馬負經，因建白馬寺於洛城雍關西以處之。其經緘於蘭臺石室，而又畫像於清源臺及顯節陵上。摩騰等遂譯佛經行教。尚書令宋均（字叔庠，河南南陽府鎮平縣人。）諫以佛法教人無父無君，請除之。帝不從，更令郡國皆圖形像，傳寫其文。

習誦受持。佛教之說。由是漸傳於中夏焉。分見後漢書後漢紀魏書隋書神仙通鑑

右述釋教流傳中國之始也。

辨按佛之義。釋家譯爲覺也。見上四十三張但路史曰。釋名云。轡佛也。言牽引佛戾以制馬也。故曲禮云。獻鳥者佛其首。畜鳥者則勿佛。佛者拗戾而不從之言也。觀佛制字。以一弓從兩矢。豈不佛哉。佛曰。吾之道。佛於人者也。人曰。彼之道。佛於我者也。人固以此而名之佛。佛固以此而自名。其所謂佛如此而

已而庸人事佛。欲以崇之。而不得其嘉號。則轉其義以從嘉。釋曰。佛者覺也。噫。謂佛為覺。亦不知所以覺也。

按佛係老子乘日精而化身。其母剖右脇而分娩。甫生。有二龍吐水以浴之。已殮。猶露出雙趺以示徒。指腹生子。金棺自舉自焚。見上四十三至四十五張此中無稽之談。人盡知其為佛徒揑造。無庸置辨。

按佛生墜地。即作獅子吼。并言天上天下。惟我獨尊。見上四十四張如果有其事。亦不過妖魔傀音化。鬼變也。附佛身。使之作猛獸之驚吼。發滔天之狂言。豫為欺世惑人地步。亦何足道哉。

按佛頰如獅。手足皆鉤。毛悉向上。黃身赤爪。青髮墜地。見上四十四張則其形如獸如怪。更何足厠於人數哉。亦無論弗人為佛。即佛之字形。可以悟佛之非人矣。（段氏說文解字）註云。佛從人弗音。

按佛在東宮。娛樂為事。姬乃有三。背疾發作。無術可施。向鄰乞油。病臥樹間。煩惱無奈。求生不得。求死不得。見上四十五張佛之一生。如是而已。其誠不足稱也。
按佛嘗投身餵虎。變魚飼人。割頭挖眼以濟人。又剝皮爲紙。折骨爲筆。見上四十六張查佛之所爲。固遠勝乎不拔一毛之楊氏。且又超乎兼愛之墨子。然既肯以身餵虎。變魚飼人。剝皮爲紙。必又肯變爲馬牛猪犬。以利人用也。則世間牛猪等。當盡是佛之化身。或曰。一佛祗能變一牛一馬。亦復於人何濟。答曰。審若是。則彼既已投身餵虎。焉能再變魚飼人哉。附會之說。不堪尋問。且宋儒胡寅曰。佛氏自

侈其道。以爲廣大慈悲。故毒如蛇虎。微如蚊虻。皆
所憐憫。捐身以飼之。割肉以啖之。無所顧惜。獨於
夫婦父子君臣。必斷棄除舍。不得與蛇虎蚊虻爲
比。則廣大慈悲。又安在哉。見(綱鑑大全)○釋迦係
淨飯王太子。初在東宮。
娶耶輸陀羅等三姬。生羅睺羅一子。迨年十九。背
君親。離少婦。棄幼兒。踰城出家。借修行以惑衆。令
八奉爲天上天下之獨尊。是匹夫抗天子。繼體悖
所親。良人喪其良。慈父失其慈。無君臣。無父子。無
夫婦。而爲名敎之罪人者。莫釋迦若也。乃有入焉。
或上致君。或下澤民。而遑適異國。如劉之孔子。鄒
之孟氏。僕僕於齊楚宋衞。勞勞於齊梁諸邦。雖亦
去其鄉井。特以濟世爲心。是豈釋迦所可同日語
哉。

按漢明帝憑幻夢所見。信諛臣傅毅之附會。遂狡臣愔景之簸弄。不聽諍臣宋均之切諫、以致佛法左道。流入中夏。（見上四十七張）明帝之咎。史冊不能爲之諱矣。明儒邱濬曰。此佛教入中、國之始。自天地開闢以來。夷狄之禍。未有甚於此者也。夫浮圖氏之所言所爲。眞、大亂之道。在三代聖王所必誅而無赦者也。明帝爲人之子。乃崇無父之教。居君之位。乃容不拜之臣。爲中國之主。乃黨外夷之人。開茲大釁。以爲中國千萬年無窮之禍害。豈非名教中

萬世之罪人哉。見綱鑑大全

按佛教自入中國以來。興廢無定。好惡者亦不一。且好之興之者。每見取禍。惡之廢之者。未嘗無福。則降祥降殃。非佛之所能專。明甚。姑先揭其好佛最先之楚王英。奉佛最切之梁武帝。俱不得其終。以爲好佛取禍者鑑。

引 佛教自東漢明帝永平八年。丱傳入中國。王公貴人中。獨楚王英明帝之弟最先好之。見通鑑綱目 時英以崇敬佛法聞名。見隋書經籍志 遂交通方士。作金龜玉鶴。刻文字以為符瑞。永平十三年。有司奏英招聚姦猾。造作圖讖。大逆不道。請誅之。帝以親親不忍。乃廢英徙丹陽（丹陽郡今安徽寧國府）涇縣。明年英至丹陽自殺。黨附坐死徙者以千數。繫獄者數千人。（見後漢書楚王英傳）

辨 宋儒胡寅論楚王英曰。事浮屠道。莫如楚王英最先。而取禍亦最速且大。夫英得異教於沙門。必不至如後世之盛也。其所好者。特粗迹耳。既以自殺。又延及無辜。本欲祈福而反得禍。又況深窮其說。以為微妙了心見性。而不能逃殄滅彝倫之罪

者。其陷溺可勝計耶。見綱鑑大全

引 蕭梁武帝孝慈恭儉。博學能文。惟晚節溺信佛道。用釋氏法。長齋斷魚肉。不飲酒。日止一食。惟菜羹糲飯。事繁之日。惟嗽口以過。身衣布衣。一冠三載。一衾二年見梁書武帝紀詔太醫不得以生類爲藥。見南史梁武帝紀織官不得以禽獸人形文錦。爲其裁剪有乖仁恕。并以宰牲有累冥道。詔罷宗廟牲牢。薦以麵餅蔬菓。三幸同泰寺武帝三次幸同泰寺捨身。見通鑑綱目武帝大通元年。幸。又中大通元年。幸。又太淸元年。幸。○按綱鑑易知錄註同泰寺。在江蘇江寧府上元縣治東北五里。臺城內。捨身。委身於佛。爲佛之信弟子。釋御服。披法衣。親講佛書。太清二年。[illegible]侯景（景初仕東魏。尋叛之。降西魏。又叛之。附於梁。至是又叛梁。）與蕭正德（武帝之養子。）合謀造反。武帝被圍於臺城。（在江蘇江寧府上元縣治東北五里。梁帝之宮在內。）蔬茹皆絕。乃食雞子。明年。[illegible]帝爲侯景所制。所求多不遂志。飲食亦爲裁節。憂憤成疾。口苦索蜜不得。再曰荷荷。（憤聲）遂殂。第三子綱立。（爲簡文帝。）二年。[illegible]爲侯景所弒。第七子繹立。（爲孝元帝）三年。[illegible]西魏主廓（即恭帝）伐梁。入江陵。（今湖北荊州府江陵縣。）帝出降。尋被魏人所殺。繹之第九子方智立。（爲敬帝。）二年。[illegible]爲叛臣陳霸先所弒。梁乃亡。（見通鑑綱

目

【辨】按梁武帝崇佛。如是之切。乃至身喪國亡。【綱目發明】曰。梁主捨身。【綱目】凡三書於冊。然其身尚在。卒莫之捨。捨於佛而佛不受。未幾遂捨於侯景。不惟捨其身。且併其子孫國家捨之。可哀也哉。見【綱鑑易知錄】

史又斷曰。梁武帝崇尚釋教。臣叛其君。子叛其父。以浮屠之教。棄君臣。絕父子。而所流之禍。其烈如此。後之人尚欲崇奉其教而不悟。果何爲哉。見【鳳洲綱引再將惡佛最深者。略述一二。以證滅佛者之未嘗無福。史載惡佛者。莫如元魏之太武帝。名燾誅沙門。毀佛像。焚梵經。壞塔寺。見魏書世祖紀、通鑑綱目元魏太武帝太平眞君七年。詳北周之武帝、名邕禁佛道二教。悉毀經像。沙門僧也道士。並令還俗。見通鑑綱目周武帝建德三年。詳前唐之武宗。毀天下佛寺。勒僧尼爲民。見唐書武宗紀、通鑑綱目唐武宗會昌五年。詳後周之世宗。廢寺院。毀天下銅佛像以鑄錢。禁民爲僧尼。見五代史周世宗紀、通鑑綱目周世宗顯德二年。略明之世宗。毀佛像。拆淫祠。見明史畢要明世宗嘉靖元年。燬茲五君者。乃惡佛之最深者也。

(辨)按史載元魏北周。前唐後周。以及有明諸君。誅僧毀像。拆廟焚經。其惡佛可謂深且切。其滅佛可謂痛且快矣。然除魏武帝外。皆得享國善終。豈非佛無靈之明證歟。或有以魏武帝見弒於宗愛。魏之逆臣。為滅佛果報。然宋儒尹起莘早辨之矣。蓋曰。自佛入中國。人皆敬奉其法。以求福利。未有敢訾之者。至魏主燾。乃毅然去之。亦可謂剛正不惑者矣。然世之議者。或以魏主不得其終。為毀像之報。抑不知梁主衍(梁武帝)奉佛尤篤。得禍尤慘。豈佛獨靈於魏。而不靈於梁耶。要知人之禍福。自繫乎善惡之積。而奉佛與否。初無預也。見(通鑑綱目)

唐名臣傅奕(河南彰德府臨漳縣人。官太史丞。)於高祖武德七年。매上疏極詆浮圖法曰。西域之法。無君臣父子。以三塗(按讀書紀數略三塗。三惡道也。一色欲門。二愛欲門。三貪欲門。)六道。(按續文獻通考註六道。即天道。人道。魔道。地獄道。餓鬼道。畜生道)嚇愚欺庸。追既往之罪。窺將來之福。至有身陷惡逆。獄中禮佛。口誦梵言。以圖偷免。且生死壽夭。本諸自然。刑德威福。繫之

入主。今其徒矯託。皆云由佛。攘天理。竊主權。五帝三王。未有佛法。君明臣忠。年祚長久。至漢明帝始立胡祠。然惟西域桑門。自傳其教。西晉以上。不許中國髡髮事胡。至石按續文獻通考後趙主石虎建武元年。始聽民爲僧。苻按續文獻通考前秦主苻堅崇尚釋教。亂華。乃弛厥禁。主庸臣佞。政虐。祚短。事佛致然。梁武即梁武帝齊襄。按通鑑綱目北齊書文襄紀齊襄即北齊主高洋之兄。名澄。素好佛。被膳奴蘭欽所弒。追謚文襄。尤足爲戒。昔褒姒一女。營惑幽王。能亡其國。況今僧尼十萬。刻繪泥像。以惑天下。天下有不亡乎。見唐書傅奕傳唐刑部侍郎韓愈。字退之。河南南陽府南陽縣人。於憲宗元和十四年。以帝迎佛骨至京。乃上表諫曰。佛者夷狄之一法耳。自黃帝以至禹湯文武。皆享壽考。百姓安樂。當是時。未有佛也。漢明帝時。始有佛法。其後亂亡相繼。運祚不長。宋齊梁陳元魏南北朝時。以下事佛漸謹。年代尤促。惟梁武帝在位四十八年。前後三捨身爲寺家奴。竟爲侯景所逼。餓死臺城。事佛求福。乃更得禍。由此觀之。佛不足信亦可知矣。高祖始受隋禪。則議除之。當時羣臣識見不遠不能深究先王之道古今之宜推闡聖明以救斯弊其事遂止臣嘗恨焉伏惟陛下即位之初即不許度人爲僧尼道士又不許別立寺觀臣當時以爲高祖之志必行於陛下今縱未能即行豈可恣之令盛也佛本夷狄之人不知君臣之義父子之情假如其身尚在來朝京師陛下容而接之不過宣政（殿名）一見衞而出之於境不令惑衆也況其身死已久枯朽之骨凶穢之餘豈宜以入宮禁乞付之水火永絕根本斷天下之疑絕前代之

惑。佛如有靈。能作禍祟。凡有殃咎。宜加臣身。上天鑒臨。臣不怨悔。見唐書韓愈傳

按列朝名臣大儒。以佛之不足敬。皆已論之鑿鑿。垂爲佞佛者戒。余亦何庸再贊一辭哉。

元始天尊

〔引〕〔太元眞一本際經〕曰。無宗無上。而獨能爲萬物之始。故名元始。運道一切爲極尊。而常處三清。出諸天上。故稱天尊。

〔隋書經籍志〕曰。元始天尊。姓樂名靜信。生於太元之先。稟自然之氣。冲虛凝遠。莫知其極。其體常存不滅。每天地開闢。則以祕道授諸仙。謂之開劫度人。受法之人。漸至常生。自然神化。亦或白日登仙。

〔辨〕按元始天尊。稱爲萬物元始。無宗無上之極尊。

疑卽無始大造之別稱。但又謂常處三清。考〔讀書紀數略〕曰。三清者。玉清。元始居之。上清。道君居之。太清。老子居之。又〔明史〕禮部尚書徐溥曰。三清乃道家妄說。一天之上。安得有三大帝。且以李耳（見前）（二十九張）當其一。矯誣甚矣。據此。樂靜信為玉清之帝。猶李老子為太清之帝。則靜信實係老子之倫。決非無始大造也。況靜信稟自然之氣。氣。形物也。頑質也。謂冲虛凝遠。人目不得視其極。則可。謂其體本自無極。則不可。頑質之氣。更不能開闢天地。授道度人也。明矣。總之以樂靜信爲無宗無上。開闢天地。決爲道家妄說。而又謂其處於三清。稟自然之氣。抑何其自相矛盾乃爾耶。

三清

引駢字類編引道書曰。自初。一氣而分三氣。是爲三天。一氣。大羅天。三氣。淸微天。禹餘天。大赤天。卽玉淸上淸。太淸之三境也。

雲笈七籤曰。天寶君治在玉淸境。卽淸微天也。靈寶君治在上淸境。卽禹餘天也。神寶君治在太淸境。卽大赤天也。

太平御覽引太眞科曰。玉皇譜錄有八百道君。羣仙隨業。以補其職。三善道者。聖。眞。仙也。上品曰聖。中品曰眞。下品曰仙。三清之開。各有正位。聖登玉清。眞登上清。仙登太清。玉清有大帝宮殿。皇帝王公。卿大夫。吏民。率以聖呼之。如聖皇。聖帝之類是也。男女貴賤。各有次第。上清有玄都玉京。七寶紫薇。率以眞呼之。太清有太極宮殿。率以仙呼之。其上清太清之品位。男女次第之統數。與玉清同。

讀書紀數略載三清者。玉清聖境。元始居之。上清眞境。道君居之。太清仙境。老君居之。

明史徐溥傳載明孝宗弘治八年。欲詔撰三清樂章。

徐溥（徐溥字時用。江蘇常州府宜興縣人。累官大學士禮部尚書。）等言天至尊無對。漢祀五帝。儒者猶非之。況三清乃道家妄說耳。一天之上。安得有三大帝。且以周柱下史李耳當其一。以人鬼列天神。矯誣甚矣。奏入。帝嘉納之

（辨）按三清者。玉清上清太清三大帝。李老子爲太清之帝。（見上五十九張）又按眞靈位業圖居玉清者。係玉帝。而重增搜神記稱玉帝。係妙樂太子。（見後六十一張）則孰爲上清之帝。雖未見指明。當亦是妙樂太子。與老子者流耳。彼二人之妄。已專篇論之。（見前二十九張見後

六十一張 甚爲深切。則三清之帝。洵如明禮臣所稱。係
道家妄說。無庸贅論矣。

玉皇上帝

【引】重增搜神記載玉皇之來歷。謂往昔上世有國。名光嚴妙樂。王名淨德。后名寶月。年老無嗣。下詔道衆。於諸宮殿。依諸科敎。懸諸旛蓋。徧禱眞聖。忽夜皇后夢太上老君。見前二十九張安坐龍輿。抱一嬰兒。幢蓋前導。浮空而來。后懇老君曰。願乞此子爲嗣。老君答曰。願特賜汝。后禮謝道君。便從夢歸。覺已得孕。懷妊一年。於丙午歲正月九日午時。誕生太子。自幼慈惠。所有國庫寶藏。盡行散施貧民。王崩後。太子治政。未幾。勅大臣嗣位。遂捨國往普明秀巖山修行。道成後。行藥治病。亟救衆生。隨亡身殞命。宋眞宗大中祥符七年。詔天禧元年。詔上玉皇尊號。曰太上開天。執符御歷。含尊體道。昊天至尊。玉皇大天帝。

通鑑綱目載宋徽宗政和六年。詔奉玉冊玉寶。如玉淸和陽宮。上玉帝徽號。曰太上開天。執符御歷。含眞體道。昊天玉皇上帝。并詔天下建觀塑像。

眞靈位業圖曰。玉帝居玉淸。三元宮第一中位。

辨 按玉皇係妙樂國太子。生於上世丙午歲。在秀巖山修行得道。見上六十一張 試問此妙樂國秀巖山。徧查天下五大洲。在於何地。此丙午歲。核稽歷代甲子。編入何朝何代。信玉皇者。能徵實以告乎。似此毫無根據之說。烏足取信。

按玉皇係老君抱送之嬰兒。見上六十一張 此說更屬不經。況重增搜神記觀音傳。載玉帝遂老君之奏。敕封觀音。見後百五十七張 則玉帝尊於老君。茲於玉皇傳內。又稱玉帝係老君所賜之嬰兒。則玉帝又降於老君。前後不符。無庸置辨。

按玉皇散施行藥。遜國遁山。見上六十一張使果有其人。亦不過好行小惠。輕世學道之輩。烏得為昊天上帝哉。

按宋眞宗徽宗封昊天玉皇上帝。見上六十一張而通鑑綱目廣義曰。苟如世俗之論。動作不必合理。但崇奉玉帝。自能獲福。若然。則為盜為奸之徒。亦嘗設齋誦經崇奉矣。而終必敗露。死於非命者。何也。徽宗之於玉帝。既加以美名。又詔告天下。則其所以崇奉之者。至矣盡矣。不可以有加矣。厥後斥辱虜庭。號爲昏德。而死於沙漠者。何玉帝之不仁。而不一青盼也。綱目書此。誠足以發千古之笑也。

金闕上帝　玉闕上帝

【引】明一統志、明史禮志、合載五代時。〤〣徐溫子知證、知諤。嘗提兵、平福州。（府屬福建）福父、老戴之、圖像以祀。宋〣〨三封眞人。明太宗（成祖）〤一〇〇弗豫、禱之、輒應、加封金闕帝、君、玉闕帝君。英宗正統〤〣三憲宗。成化中。〤〣累加號爲上帝。孝宗弘治元年。〤〣〨禮臣、議以、宜削、號、罷祀。

【辨】按金玉二闕之上帝。係徐氏昆仲二人。其所以得封爲上帝者、因明太宗病。禱而輒愈。則彼二徐之爲上帝。亦屬微幸一時。太宗之痊。必非徐氏所能主。實因適於禱之之後。偶逢其會耳。蓋二徐生為武將。縱智勇兼全。有德於福州之民。然已作古人。亦何能行其岐黃之術乎。封為上帝。但有上帝之稱耳。豈眞得為上帝哉。明禮臣議以削號罷祀。誰曰不宜。

玄天上帝　眞武　北極佑聖眞君

【引】重增搜神記載玄帝乃元始（見上五十七張）化身。太極（見上一張）別體。符太陽之精。託胎化生淨樂國善勝夫人之腹。孕十四月而生。年十五。辭父母。遇玉清聖祖紫虛元君。授以無極上道。乃往太和山。按（明一統志太和山。在湖北襄陽府均州南一百二十里。初名太嶽山。眞武奉元君之言。遊覽至此。改名太和。其中一峯最高者。曰紫霄峯。因棲止修煉。後人謂非玄武不足以當之。又更名武當山。玄武。北方星名。）修行四十二年。三清玉帝。以玄帝功滿道備。令五眞羣仙。奉詔下降。邀迎昇舉。玄帝受詔。飛昇金闕。殷紂亂時。因魔王引諸神鬼。傷害衆生。元、始、命、玉、皇、上、帝、降、詔。賜玄帝披髮跣足。金甲玄袍。皂纛玄旗。統、領、丁、甲。按老君六甲符圖丁甲者。六丁。六甲也。六丁神。即係丁卯神。司馬卿。丁丑神。趙子任。丁亥神。張文通。丁酉神。臧文公。丁未神。石叔通。丁己神。崔石卿。六甲神。即係甲子神。王文卿。甲戌神。展子江。甲申神。扈文長。甲午神。衛上卿。甲辰神。孟非卿。甲寅神。明文章。按續文獻通考丁卯等六丁。陰神玉女也。甲子等六甲。陽神玉男也。下、降、凡、世。與、魔、王、戰、於、洞、陰、之、野。是時魔王以氣化現蒼龜巨蛇。玄帝運、神、力、躡、之、於、足、下。鎖鬼衆於酆都大洞。遂凱還金闕。元、始、賜、以、玄、天、上、帝、尊、號。見後百三十一張續文獻通考載眞武。淨、樂、國、王、太、子、也。生而神靈。察微知達。長而勇猛。惟務修行。志除邪魔。遇紫虛元君。授以道祕。遂越東海遊覽。又遇天神授以寶劍。入武當山（卽太和山）修煉。居四十二年。功成。白日飛昇。奉上帝命。往鎭北方。被髮跣足。躡離坎眞精。建皂纛玄旗。統攝玄武（北方星名）之位。神威赫然。歷代顯著。本號玄武。宋避諱。改曰眞武。

又載元成宗大德七年（X000）十二月。加封眞武爲元聖仁威玄天上帝。

琅邪代醉編引眞仙通鑑載宋道君。（卽宋徽宗按通鑑綱目宋徽宗政和七年徽四月。帝諷道籙院曰。朕乃上帝元子。爲太霄帝君。憫中華被金狄之教。遂懇上帝。願爲人主。令天下歸於正道。卿等可冊朕爲教主道君皇帝。於是道籙院冊之。問林靈素。按宋史林靈素浙江溫州人。少從浮屠學。苦其師笞罵。去爲道士。善妖幻。往來丐食僧寺。僧寺苦之。宋徽宗政和末。徽訪方士。靈素得薦。徽宗重之。賜號通眞達靈先生。靈素假帝誥天書雲篆。務以欺世惑眾。其說妄誕。不可究質。實無所解。靈素立道觀。欲廢釋氏。以逞前憾。初與道士王允誠。共爲怪神。後忌其相軋。毒之死。靈素在京師。恃寵恣橫。爲眾所怨。道遇皇太子弗斂避。太子入訴。帝怒。斥還故里。命溫州通判江端本幾察之。端本廉得其居處過制罪。詔徙置楚州。命下。而靈已死。願見眞武聖像。靈素曰。容臣同張淨虛天師。張淨虛係張道陵之後。天師說見後百八十二張。奉請。乃宿殿。致齋。於正午時。黑雲蔽日。大雷霹靂。火光中見蒼龜、巨蛇。塞於殿下。帝祝香再拜告曰。願見眞君。幸垂降鑒。霹靂一聲。龜蛇不見。但見一巨足。塞於殿下。帝又上香再拜云。伏願玄元聖祖。應化慈悲。既沐降臨。得見一小身。不勝慶幸。須臾遂見身長丈餘。端嚴妙相。披髮、皂袍、垂地。金甲大袖玉帶。腕劍、跣足。頂有圓光。結帶飛繞。立一時久。帝自能寫、眞寫成忽不見。」

明史載眞武廟。明成祖永樂十三年刱建。以祀北極佑聖眞君、北極、佑聖、眞君者。乃玄、武、北方星名七、宿。後人以爲眞君。作龜蛇於其下。宋眞宗避諱。改爲眞武。靖康（宋欽宗）初。加號佑聖助順靈應眞君。圖志云。眞武爲淨樂王太子。修煉武當山。功成飛昇。奉上帝命鎭北方。披髮跣足。建皂纛元旗。此道家附會之說。

（辨）按玄帝係元始化身。爲淨樂國王太子。玉淸聖祖。授以上道。三淸玉帝。詔昇金闕。又下降凡世。戰勝魔王。凱還金闕。（見上十六十五張）此種毫無影響之說。如同夢囈。洵如（明史）所稱係道家附會。（見上本張）達觀者所不屑道也。

按宋徽宗欲見眞武。而方士天師。設醮請之。忽見蒼龜巨蛇。繼見披髮跣足之像。（見上六十六張）使果有其事。亦不過方士天師。試行幻術。妖魔卽隨之而現。詎人背逆造化大主。而奉鬼魔也。夫蒼龜。醜物也。巨蛇。惡物也。物之醜。莫醜於魔。物之惡。亦莫惡於魔。醜也惡也。固鬼魔之本來面目也。鬼魔爲其前導。則所見披髮跣足之眞武。殆亦魔魁幻變以愚人耳。

按宋史孔道輔（字原魯。孔子四十五代孫。仕宋仁宗朝。）爲寧州（屬甘肅慶陽府）推官。時有蛇出眞武殿中。一郡以爲神。州將帥官屬往奠拜之。道輔從前以笏擊蛇。碎其首。觀者初驚。後莫不歎服。則徽宗殿下之龜蛇。見上六十七張使道輔見之。亦難保全其首也。必矣。

關帝

（引）關帝者姓關名羽。本、字長生。後、改、壽長。又、改、雲長。河東解梁（今山西解州）常平村人。爲人義勇。好讀左氏春秋。時、本、處、勢、豪。倚、勢、凌、人。羽、傍、觀、不、平。逞、憤、殺、之。遂、去、鄉、逃、避、旅、遊、江、湖。五六年後。推車至涿郡。（直隸順天府涿州）在村店停車沽酒。值劉備張飛亦在飲酒。見羽雄壯大漢。身長九尺。髯長二尺。異之。邀請同坐。通名敘談。彼此意氣相投。結爲兄弟。共圖大舉。張飛係是本地涿州人。賣酒屠猪。兼有莊田。家道頗可。遂藉飛之資財。召募鄉勇。置備馬匹軍械。遂破黃巾賊黨。分見武帝彙編三國志演義漢獻帝建安五年。[illegible]羽與曹操戰於下邳。江蘇徐州府邳州敗績、被擒。遂降曹操。操表為偏將軍。旋封為漢壽亭侯。見三國志蜀書羽啟曹操求秦宜祿妻。繼又自娶之。見文海披沙未幾。逃歸劉備。迭著戰功。備既定江南諸郡。拜羽為襄陽府屬湖北太守。盪寇將軍。建安十九年。[illegible]備西定益州。蜀地四川拜羽董督荊州府屬湖北事。建安二十四年。[illegible]羽攻樊城。在湖北襄陽府城北。漢江上。擒龐德。曹操之將德不降。羽殺之。分見三國志蜀書通鑑綱目曹操帥師救樊。孫權遂陸遜計。使呂蒙襲取荊州。又使潘璋圍麥城。按(廣輿記)麥城今湖北荊門州當陽縣擊羽。羽由北門突出。被潘璋部將馬忠擒獲。不降。權令斬之。將首級盛以木匣。遣使至洛陽(河南河南府)送與曹操。操令刻一木軀。配於羽之首級。以大臣之禮葬之。時建安二十四年。羽年五十八歲。見(三國志演義)昭烈帝章武元年。帝(劉備)忿孫權殺羽。遂帥師伐吳。進軍猇亭。(湖北荊州府宜都縣)連營數十屯。吳將陸遜以火攻之。備大敗。夜遁入白帝城。(在四川夔州府治東)大慙且忿。未幾。逝世。見(通鑑綱目)後主景耀三年。(劉禪)追贈羽謚曰。

壯繆侯。見(關帝全集) 炎興元年。魏將鄧艾帥軍開道入蜀。破之。後主劉禪面縛輿櫬出降。見(通鑑綱目) 龐會(其父德爲羽所殺)隨鄧艾破蜀。欲復父讐。盡滅關氏家族。見(三國志蜀書關羽本傳註引(蜀記)) 宋徽宗崇寧元年。封羽爲忠惠公。大觀三年。封爲武安王。元文宗天歷元年。封爲英濟王。明神宗萬歷十八年。封爲協天護國忠義大帝。見(武帝彙編)

〔辨〕按羽之一生忠勇奮發一時。固莫之與京。夷考其行。有不得爲之諱者。其殺本處勢豪也。見上六十九張要知人有當誅之罪。而羽無擅殺之權。擅殺人者律治罪。漢制豈無此律耶。羽殺人後。雖去鄉幸脫。見上六十九張則已爲法網所漏矣。

按羽於下邳敗績被擒。而降曹操。見上六十九張當羽之擊操也。以操爲漢賊。被擒後。竟甘降賊。羽之節烈。不無可議。或曰。羽之降操。乃其智也。暫忍失節。俾得潛歸劉備。復舉大事。審是。則羽於麥城被擒。見上七十張何不再用其故智。姑降孫權。仍行逃歸。豈不美哉。何竟智於前。而昧於後。恥降於權。而甘降於操耶。太平廣記云。蜀將關羽。善撫士卒。而輕士大夫。張飛敬禮士大夫。而輕卒伍。二將俱不得其中。亦不得其死。是羽之死於非命。亦所應得。無足道也。

按羽之一生。志在恢復漢室。稱為炎漢忠臣。似尚相當。若世之奉為福國庇民。殊屬無謂。蓋其在生也。能揮八十二觔之青龍偃月刀。（羽所常用之軍械）衝南突北。尚未能殲除奸宄。興復漢室。乃於身首異處後。反能福國庇民乎。如能福國庇民。則當於劉備爲羽復仇。駐軍猇亭時。胡不顯靈來助。乃致數十屯連營。被吳軍一炬。盡爲焦土。備仍夜遁。恚忿而死。并於魏將鄧艾間道入蜀時。又胡不顯靈來拒。乃致劉禪面縛出降。而漢祚一線之綿。由此斬絕。且於龐會爲父復仇。索殲關氏時。更胡不顯靈來救。保存族裔。當劉備敗後主降。關氏滅。羽尚不能呵護神靈。保其家國。於其急者猶如是。況於其緩者乎。於其親者猶如是。況於其疏者乎。則世之求羽福庇者。豈非徒勞妄想哉。

按宋徽宗。元文宗。明神宗。封以公。封以王。封以帝。優禮祀祭。見上七十張冀其佑祚綿長。何江山猶是。而趙宋元明。久稱爲勝朝也。語曰。食其祿者忠其主。羽乃血食於趙宋元明。恐不免素餐之誚矣。則敬關羽者。亦徒然也。

引 或曰。關公顯靈。載於三國志演義 武帝彙編 關帝全集 不一而足。即如關公冥誅呂蒙。據三國志演義載孫權害公後。大宴羣臣。褒呂蒙之功。公於是時。神附呂蒙。推權倒地。自坐於權位上。大喝曰。我乃關雲長也。權與諸臣惶恐下拜。呂蒙遂下階。七竅流血而死。又如關公勦誅蚩尤。據關帝全集、武帝彙編合載軒轅黃帝殺蚩尤。上帝遂命蚩尤掌理鹽池。宋眞宗大中祥符七年。卟解州（屬山西）鹽池處。建軒轅祠。蚩尤恨之。遂作祟。涸竭其池。眞宗遂王欽若之奏。詔張天師。（見後百八十二張）轉召關公。令剿蚩尤。天師書符焚去。公應召。會同嶽瀆陰兵。勦尤誅之。池水復盈如故。

辨 予曰。誅呂蒙（見上七十二張）勦蚩尤。（見上本張）好事者爲之。烏可信。使冥誅呂蒙。實有其事。何正史綱鑑不傳。

吳書呂蒙本傳。又不傳。且非惟不傳蒙受其誅。乃又確紀並非暴疾猝死。蓋查通鑑綱目載漢獻帝建安二十四年冬十月。孫權使呂蒙襲取江陵。（湖北荆州府江陵縣）又使潘璋截羽徑路。獲羽斬之。遂定荆州。呂蒙未及受封。十二月疾發卒。再考吳書呂蒙本傳載呂蒙取荆州。關羽被擒。孫權封蒙為孱陵（在湖北荆州府公安縣南）侯。賜錢一億。黃金五百觔。蒙固辭金錢。權不許。封爵未下。會蒙疾發。權時在公安（縣屬湖北荆州府）迎置內殿。懸賞有能愈蒙疾者。賜千金。權欲數見其顏色。又恐勞動，常穿壁瞻之。見能下食，則喜；不然，則咄唶。蒙疾增篤，權自臨視。年四十二，遂卒於內殿。按正史所載，呂蒙並非為羽作祟而死，豈正史不足信，而演義為可信乎。且也出襲羽之計者，陸遜；擒羽者，馬忠；斬羽者，孫權。（見上七十張）呂蒙惟統軍而已，何羽不怒設計之人，暨擒之斬之者，而獨遷怒於統軍之呂蒙，不亦異哉。諒造此讕語者，未遑彌其罅耳。

按關羽勦誅蚩尤。（見上七十三張）更屬無稽。蓋黃帝以蚩尤虐民無道，討而誅之。載於史鑑，信而有徵。若關帝全集所述。蚩尤被誅後，奉上帝命，掌理鹽池，乃恨黃帝之祠。為崇涸之。關羽應張天師之召。勅誅蚩尤，種種不經。顯係荒誕。無庸縷辨。

按羽之誅尤。係王欽若所奏請。見上七十三張可見此乃欽若波弄奸詐。以惑眞宗者也。史載宋眞宗好奉道教。信惑邪說，迭以夢見神人傳命。宣告羣臣，見通鑑綱目時有宰輔王欽若為人姦邪。與丁謂林特陳彭年劉承珪。朋比行詐。時號五鬼。見弘簡錄王欽若傳而欽若姦邪爲最。見弘簡錄宋眞宗紀能委曲遷就。以中帝意。加之傾巧。敢爲妄誕。見弘簡錄王欽若傳眞宗大中祥符元年。欽若奏稱自古以來。希世絕倫之事。必得天瑞。然後可爲。帝曰。天瑞安可必得。欽若曰。前代蓋有以人力爲之者。惟人主深信而崇奉之。以明示天下。則與自天者無異也。分見弘簡錄王旦傳通鑑綱目欽若乃矯造天書。以帛二丈許。繕就黃字。緘如書卷。密介曳於左承天門。皇城司見之奏聞。帝遣二內侍奉之下。令陳堯叟啟封宣讀。其文曰。趙受命。興於宋世七百。九九定。等詞。陳彭年丁謂等咸以天降瑞書。再拜稱賀。（分見弘簡錄宋眞宗紀通鑑綱目）獨龍圖閣待制孫奭奏曰。臣愚所聞天何言哉。豈有書也。（見弘簡錄孫奭傳）又奏曰。將以欺上天。則上天不可欺。將以愚下民。則下民不可愚。將以惑後世。則後世不可惑。夫國將興。聽於民。國將亡。聽於神。陛下何爲而不思也。帝嘉其忠而不能從。（見通鑑綱目）史載王欽若姦邪傾巧。伺眞宗之好信邪說。與五鬼朋比行詐。矯造天書。是可爲也。孰不可爲也。則所稱之蚩尤涸池。奏請關羽誅尤。池水復盈。顯係欽若簸弄。欺蒙眞宗。固不待智者而後知也。欽若嘗言天瑞可以人力爲。夫以人力而爲天瑞。其爲詐僞可知。烏得致信。而崇奉之哉。何眞宗竟信承天門之天書。爲天降之瑞符。何後世亦信鹽池之復盈。爲關羽之顯靈也。欽若之欺詐。貽害後人。通鑑輯覽批曰。欽若倡爲邪說。以蠱惑眞宗。自欺欺世。舉國若狂。貽譏史策。實爲千古罪人。則凡所稱羽之顯靈。俱當以誅尤盈池之事該之。而臆造此類毫無依據之事者。亦當以欽若例之。

文昌帝君　梓潼帝君

文昌君。一名梓潼君。本係張氏子。文昌。星名。按楚辭註文昌六星。在北斗魁前。按尚書蒙求文昌六星。在北斗之左。一上將。主建威武。二次將。主正左右。三貴相。主理文緒。四司祿。主賞功進爵。五司命。主滅咎。六司寇。主佐理寶。道家謂文昌星明。文運將興。上帝命張氏子掌文昌府事。及人間祿籍。元時封號文昌帝君。又張氏子居蜀梓潼縣。屬四川綿州士民廟祀之。遂稱梓潼君。文帝本傳化書載文昌君一十七世為士大夫。屢次化生。原委冗雜。全錄轉致煩厭。茲揭其略如左。

引 周幽初時。文昌化生。名張善勳。時吳會按（明一統志）吳會即吳郡會稽郡。間。有張老者。年五十許。祈子。其夜天文煥爛。張宿星名。主大廚飲食。昭然。適符其姓。感而降焉。張母即夢吞珠。遂娠。踰年善勳生。時在武王之乙巳年仲春。或按（通鑑編年）或按（竹書紀年）武王無乙巳之歲家素貧。務農。一日鋤得夏禹王姒所鑄元始天尊見前五十七張之金像。約重鈞餘。適因海水大至。善勳乃以金像投入海中。俄風至潮回。一境獲免淹沒。邑人以是為德。各酬粟帛。家道由是豐裕。異時。將所投之像。仍由砂中掘出。築宮敬奉。有鄉右仲氏女。初叔父欲以許善勳。父難之。女以不得遂志。因疾而死。一日善勳步至女墓。女由塚呼郎而出。善勳迎歸成婚。生男曰淵石。金像授以大洞法籙、隨繕符法治疫。繼又講求脈理藥性。六年後。以良醫聞。成王幼時。驛召京。周為醫師。隸於天官。嗣遷司諫。十年後辭職歸里。未幾逝世。遊至洞庭君山。（今湖南岳州府境）上帝命為君山主宰。兼管理洞庭湖。分見（文帝本傳）（文帝化書）周宣王世。凶文昌化生。名張忠嗣。字仲仲。居洞庭君山。時有孀婦張黃氏。懷有遺腹胎。來山祀祭。求得娠胎爲男。哀禱甚切。文昌見之。不覺情感。遂身墮婦懷。懵然無覺。久之。聞人語曰。是男是男。文昌開目視之。知身在浴盆中。蓋已生矣。父名無忌。嘗事厲王爲保氏。因諫除監謗之令。得罪。流於番禺在廣東廣州府而死。仲長。往京周。宣王令襲父職。仍爲保氏。累陞大夫。仲有兄允思早故。仲生二子。長然明。次懋陽。仲以孝友聞。毛詩所稱張仲孝友是也。幽王爲太子時。與仲有隙。及嗣位。賜之酒。仲飲之而死。魂無所歸。哭於宮闈者三日。幽王以爲妖。令弓矢望聲射之。仲隨往西蜀。

居於雪山。上帝命爲雪山大仙。又命爲蜀北門山王。遂稱爲北郭張仲子。（分見文帝本傳文帝化書）

秦惠王卌時。文昌化生。名仲弓子。長。惠王志欲吞蜀。阻於蜀道之險。行兵無路。乃從司馬錯之計。鐫石牛五。尾下各藏金餅。置於秦蜀之境。使人伺之。月餘金餅爲人取去。旋復置之。所取既頻。蜀王知之。使人臨蒞之。數月得金千餘觔。乃命五丁鑿山開道。牽石牛以歸。仲弓子長變形儒士。上疏於蜀王。陳明石牛糞金。乃强鄰之詐。請勿開道。以中敵計。王勿從。仲弓遂隱焉。蜀王既將石牛挽歸。秦惠王以宗女五人。請嫁蜀王。蜀王乃遣五丁力士。迎女於境上。仲弓上疏。以與秦聯姻。不利於蜀。諫蜀王。王怒曰。汝非北郭張仲子乎。敕左右兵之。仲弓乃變忿怒之像。衛士驚潰。因獲免。五丁迎秦女。路過劍嶺。（四川保寧府劍州）仲弓於嶺之陽。化形大身像。橫截於路。意欲使秦女見之。畏駭返秦。五丁識之曰。此必北郭張仲子。遂併力逐之。大身像乃收縮。經山腹行。將入洞穴。爲五丁拏住。像情急。首穿山頂。山卽震蕩摧崩。隨將五丁秦女壓死。於是

仲弓神遊崆峒。見（文帝化書）

西漢㳄初。文昌化生爲趙王如意。時文昌在蜀之雪山。見秦勢衰弱。干戈並起。民生倒懸。因懇上帝准以化身。拯援天下。隨墮身於漢高祖戚姬之懷。及生。名如意。高祖愛之。封爲趙王。後爲呂氏所殺。戚姬亦死於呂氏之手。見（文帝化書）

西漢宣帝時。卌文昌化身爲金色蚍。文昌自懼呂氏禍後。神遊冥漠。又無職守。蓄憤呂氏。思欲報仇。乃往西海之濱邛池縣。（四川邛州）見呂氏黨。或投人。或投獸。轉世在彼。并見戚姬。亦投生於彼。復爲戚氏。嫁於貧家張老農。一日。戚氏因年老無子。乃割臂瀝血於石凹中。以石覆之。願此石下。倘有動物生。即以爲嗣。文昌見而感之。遂寓生於石下之血。化爲金色蛇。明日戚氏來。揭石見之。攜歸撫養。踰年。頂上出角。腹下生足。見呂黨所投生之羊豕犬馬。輒食之。邑人僉稱張老所畜之妖蛇爲害。索之不獲。即將張老戚氏。拘於囹圄。金色蛇乃呼吸雲霧。揚海水爲雨。淹斃邛邑居民。張老戚氏。駝於蛇身而出。得脫。淹斃之戶。計五百餘。

以口計之。二千餘命。其中八十餘人。是金蚍前身仇對。餘皆枉死。上帝以文昌擅用海水。陷城報怨。謫為邛池龍。奪去神職。因之於積水之下。嗣因年旱池乾。涸於池底。無穴可容。烈日上蒸。內外熱惱。身上八萬四千甲中。各生小虫。咂齧不已。受苦難堪。(見文帝化書)

東漢章帝元和時間。文昌化生為張勳。文昌既謫為邛池龍。因禁於涸池。日蒸虫齧。苦不勝狀。值釋迦文佛。來中國行教。道經彼處。邛池龍見之。向佛仰首哀號。自訴悔悛。再不報怨。乞垂赦度。釋迦佛念其悔悟。

赦之。然未復神職，卯池龍復爲男子，化形於趙國爲張瑀之子，名勳，既長，爲清河（直隸河間府）令，後擢太守。（見文帝化書）

東漢順帝永和（悱）間，文昌化生爲張孝仲，未登仕籍。浮沉里閭。上帝准其漸復舊職，命之日應世務，夜治幽冥。（見文帝化書）

季漢時，（悱）文昌復生於河朔。（直隸河間府）嘗以功名自期。乃爲魏將鄧艾見知，請爲從事參謀。及伐蜀時，爲行軍司馬。交鋒時，身中流矢多簇，創傷甚重。（見文帝化書）

西晉武帝太康八年，歲丁未二月三日，文昌化生，受形於越嶲之西，越嶲之南，金馬山（在雲南雲南府）里，老張家。取名亞，又名堊，字需美，又字霧夫，乘白驘至一巨穴，遂居之。上帝命掌天曹桂籍，（定文士之優劣，爵祿之予奪）文章司命。（分見文帝化書文帝本傳）

西晉愍帝建興（丙子）中，文昌化生於謝氏，并攜二子淵石懋陽。（見上七十八張）遞生於諸謝，同仕於西晉。（見文帝化書）

西晉愍帝建興末，（非）東晉元帝南渡之間，文昌化生名，謝艾，跨白驢往河西，應孝廉，謁前涼主張軌，以為主簿。繼往關中。與後秦主姚萇爲友。久之。厭處凡世。
遂歸蜀峯。士民於閬州梓潼縣。今蜀四川綿州立廟祭祀。稱
梓潼君。分見文帝化書、文帝本傳
隋末[illegible]文昌化生於銅川家。知隋運將終。退居河汾
間。山西汾州府祖述周孔。取則軻孟子、雄揚雄字子雲，四川成都人，漢成帝時。著法言十三卷。
至唐太宗朝。[illegible]未得出仕。唐玄宗時。[illegible]文
昌命長子。淵石。復生張氏家。名九齡。仕於玄宗[illegible]朝。
迨北宋[illegible]時。文昌令次子。懋陽復生於張氏家。名齊
賢。仕於太宗雍熙時。[illegible]又令長子。然明見上七十八張復生。

司馬氏家。名光。著古今歷代史。見（文帝化書）
北宋哲宗紹聖丁丑年。〢〥〤文昌化生為張浚。上帝命
浚靖難宋朝。歷仕於哲宗欽宗〣南宋高宗。〢〥〤至孝
宗隆興閏〡〦〇逝世。葬於衡陽。見（文帝化書）〇衡陽縣屬湖南衡州府
上帝封文昌為九天開化主宰。文昌上仙元皇。統理
神仙神鬼。生死爵祿。見（文昌祿詞）居眞慶宮桂香殿。與諸
內宮仙妃玉女。頤養靈和。嘗謂吾以歷劫化身。證位
天帝。主宰。儒宗。見（文昌坤寧經）
唐玄宗〡〤〇封文昌為左丞相。唐僖宗乾符〢〦〡中。封為

濟順王。見文帝化書

宋太祖[illegible]封為聖文仁武孝德聖烈王。并封其父為裕王。母為淑妃。妻為惠妃。子為德王。媳為懿夫人。孫為靈侯。孫媳為應夫人。元仁宗延祐三年[illegible]七月七日。封為輔元開化。文昌司祿。宏仁帝君云云。見重增搜神記

辨 按文昌之輾轉投生。描摹原委。備神奇說。直可與世傳西遊記封神榜諸書。並駕齊驅。同一荒謬。蓋轉世投生。已屬不經。況自西周以至北宋。輾轉十餘世。為人為怪。為蛇為龍。以一人之幻妄。作百

道之輪迴。其顯係揑造。駭人聽聞。直無庸置辨矣。

輪迴之妄詳見徐文定公闢妄

按文昌化生之張善勳。稱張宿變爲珠九。文昌之母。吞之而娠。見上七十七張 查星辰煥燿中天。望之若粒。然爲體甚巨。且係無靈之物。焉能變爲珠粒。焉能知求子者爲同姓。悅而下降。使張母吞哉。據史記天官書正義。張宿爲主廚之星。以司廚者責之衡文。恐腹笥枵枵。終難供職也。

按文昌將元始天尊像。推至海中。潮止風息。見上七十七張其說尤屬荒謬。使此像有靈。橫被擲棄。慢褻已極。當必使海水更漲。颶風加暴。以誅不敬之罪。豈肯反令風息潮止哉。知彼時風息潮止。亦是適逢其會。無關像之投不投也。

按文昌身墮婦懷。懵然無覺。久之。聞人語。是男是男。遂知已生浴盆中。見上七十八張此等事跡。眞不值一粲也。

按文昌被幽王酖斃。因魂無所歸。哭於宮闈。被弓矢逐出。而往雪山。見上七十八張文昌如能通神。當不悞飲鴆酒。如甘飲鴆酒而死。當不爲妖而哭。況其魂可被弓矢逐出者。必不能有神通也。敬之何益。

按文昌化爲大像。被力士逼逐。乃縮身腹行。奔逃不及。仍被擒獲。首撞山頂。山即崩頽。壓斃力士。見上七十九張 文昌如能化爲大像。并能撞倒山巖。當不爲力士所逼。縮身腹行逃命。情節矛盾。令人噴飯。

按文昌託於戚氏婦割臂瀝下之血。化爲惡蛇。見上八十張 此說不但不經。且文昌亦殊不自愛矣。

按文昌化蛇。呼雨溺城。見上八十張 如文昌果能變蛇呼雨。淹斃前世仇家。何不於呂氏加害時。施其伎倆。以自衞其身。乃至於被害後。變蛇報怨。不更多事乎。

按文昌被上帝謫爲池龍。囚於涸池。而釋迦佛因龍哀求而赦之。見上八十一張是上帝之命。釋迦能革之。權衡不一。妄誕顯然。

按文昌於周宣王時。化爲張仲。漢高祖時。化爲趙王如意。宋哲宗時。化爲張浚。并於唐時長子淵石。化爲張九齡。次子懋陽。化爲張齊賢。長子然明。化為司馬光。見上七十八至八十二張夫周之賢臣張仲。（毛詩疏）張仲。周之賢臣也。果係文昌君山主宰化生。漢之趙王如意。果係文昌雪山大仙化生。宋之左僕射張浚。果係文昌掌理桂籍化生。唐之中書侍郎張九齡。宋之吏部侍郎張齊賢。殿學士司馬光。果係均為文昌子淵石懋陽然明化生。何史鑑絕不道及。噫。吾知之矣。彼搦管揑造者。偶憶史載賢臣名士。故詭異其言以附會之。欲聳人敬聽耳。至文昌化為張善勳張勳張孝仲。張亞。謝艾。見上七十七至八十二張等。均當連類以推、而知為無稽之談也。

按宋太祖封文昌為烈王。其父為裕王。其母為淑妃。見上八十三張但查文昌之父。不一其人。有周武王時之張老。周宣王時之張無忌。西漢之高皇帝。漢宣帝時之張老農。東漢章帝時之張瑀。西晉武帝時之里老張氏。愍帝時之謝氏見上七十七至八十二張等人。吾不知受宋太祖之封者為何人。如曰。凡為其父者。俱受封也。則漢帝高祖而為裕王。非受封。實被謫矣。敬文昌之父母者。曾念及否耶。

按文昌每次化生。恆謂係奉上帝命。及其爲君山主宰。雪山大仙。掌理桂籍。統理神仙。亦恆謂係奉上帝敕命。至其降爲池龍。囚於涸池。又自稱爲上帝顯罰。乃於坤寧經。載文昌自言。吾以歷劫化身。證位天帝。主宰儒宗等語。見上七十八至八十三張夫天帝之位。當與上帝同尊。前此文昌受制於上帝。今乃並尊於上帝。一天而二帝。天將莫知適從。天亦危矣哉。敬文昌爲帝君者。當亦聞之而悟也。

引 蜀清虛觀碑。載文昌生於唐時。姓張氏。名亞。越中、浙人。後徙蜀。即梓潼居焉。其人俊雅。灑落。其文明麗。浩蕩。為蜀中宗師。有功文教。已發解。隨第春官。帝君文昌感時事。託為外方遊。蜀中人慕之。搆祠清虛觀。題曰梓潼君祠。遠近禱之輒應。咸曰。天有文昌。君信其人矣。見文帝全書陰騭文註證

文獻通考。載梓潼神張亞子仕晉。戰沒。人為立廟。唐玄宗追命左丞。僖宗封濟順王。宋眞宗咸平中。王均為亂。官軍進討。按宋史眞宗咸平三年。四川成都府戍領王均為亂。上拜雷有終為招安使討賊。有終圍城。令射箭書城內。招誘來降。忽有人登梯衝指

賊。大呼、曰。梓潼神遣、我來。九月、二十、日、城、陷。你、輩、悉當夷滅。賊射之。倏不見。及期。果克城。招安使官名雷有終乃修飾祠宇。造衣冠法物祭器。

明史禮志載梓潼帝君者。姓張名亞子。居蜀七曲山。按明一統志七曲山在四川綿州梓潼縣北十五里。上有靈應廟。即梓潼張亞子廟也。案圖志亞子先越嶲人。因報母仇。徙居是山。自、秦伐、蜀以、後。世、著、靈、應。○越嶲今四川寧遠府○秦昭王二十七年[illegible]取蜀。仕、晉。[illegible]戰、沒。人、為、立、廟。唐[illegible]宋[illegible]屢、封、至、英、顯、王。道、家、謂、帝、命、梓、潼。掌、文、昌、府、事。及、人、間、祿、籍。故元[illegible]加號、為、帝、君。而、天、下、學、校。亦、有、祠、祀、者。夫、梓、潼、顯、靈、於蜀。廟食其地爲宜。文昌六星與之無涉。宜敕罷免其祠。在天下學校者。俱令拆毀。

【辨】按清虛觀碑載。梓潼君係唐時文士張亞。生於浙。旅於蜀。彼都人士。奉爲鴻儒。隨時諮諏。去蜀後。邑人追慕建祠。見上八十七張審若是。則蜀人之廟祀張亞。亦不過如碑立去思。以伸追念。並未敬爲文衡主宰也。迨其後。諒有學業粗疏。僥倖科名之輩。恐人鄙薄。託言禱於梓潼君。感應得第。遂矯稱張亞。爲文昌星降凡。文昌之稱。蓋由此始。初以矯稱。繼以誤傳。相沿迄今。致世之志切功名。而又畏於誦讀之儔。希得一便捷不勞之徑。遂以爲敬文昌可得科第。其自欺亦甚矣。國家之取士。評文字之優劣。於文昌無與也。士子之獲雋。由平日之攻習。於文昌又無與也。世之求科第者。以敬文昌爲可恃。亦妄想而已矣。

按張亞子如於秦取蜀後。已著靈應。見上七十九張則當是秦時人。而又稱仕晉歿於戰。更稱爲唐時之文士。見上八十七張查秦與唐。相去千餘年。張亞來歷。如是岐異。孰是孰非。茲姑不論。惟張亞如有其人。文獻明史稱其廟祀之始。由於後人念其為國捐軀。並非以其為主宰文衡也。（見上八十八張）至文獻所述。有人以城陷之期。預告賊衆。自稱為梓潼神所遣。縱有其事。此人決非已故張亞所遣。實招安使雷有終所使。借託鬼神。以寒賊膽者。此主帥之詭計也。至掌文昌府事。人間祿籍之說。洵如明史所稱。係道家之妄誕。實與張亞無涉。明禮臣議罷其祀。毀其廟。誠為允當。惜於顯靈無稽諸事。仍疑信參半。而

推其祀於蜀。然較今之信張亞輾轉投生。而爲文
章司命者。已不可同日而語矣。
引陔餘叢考載今世文昌祠所祀梓潼帝君。王弇州
宛委餘編謂卽陷河神張惡子。而引其所著化書。謂
本黃帝子。名揮。始造絃張羅網。因以張爲氏。周時爲
山陰（縣屬浙江紹興府）張氏子。以醫術事周公。卒託生於張
無忌妻黃氏。爲遺腹子。詩所稱張仲孝友者也。以直
諫爲幽王妃所酖。魂遊雪山。治蜀有功。五丁拔山蛇
壓死。蛇卽其所化也。尋爲漢帝姬子。曰趙王如意。爲

呂后所殺。魂散無歸。孝宣世（時）至卭池。（四川邛州）其令曰呂牟。即呂后之後身也。母戚夫人。亦生於戚。嫁張翁。老無子。相與瀝血石臼中。祝曰。我無子。倘得一動物。亦遺體也。自是感生爲蛇。呂令有馬。乃呂產後身。蛇輒食之。呂令怒。繫張夫婦。將殺之。蛇遂揚海水作雨。灌城邑皆陷。今所謂陷河也。以所殺多。謫爲卭池龍。受熱沙小虫之苦。遇文殊（佛也）。皈誠脫罪。復生於趙國張禹家。名勳。爲清河令。卒又生爲張孝仲。時順帝（東漢）之永和（時）間也。西晉末（時）。復生於越巂張氏。年七十三。入石穴悟道而化。改形入咸陽。見姚萇。後秦主後萇入蜀。至梓潼嶺。神謂之曰。君還秦。秦無主。其在君乎。請其氏。曰張惡子也。後萇即其地立張相公廟。唐僖宗幸蜀。神又出迎。帝解佩賜之。還日。賜遺無算。王中令鐸有詩云。夜雨龍拋三尺匣。春雲鳳入九重城云云。按陷河事。亦見王氏見聞及窮神祕苑太平廣記諸書。所載略同。北夢瑣言亦謂梓潼張亞子。乃五丁拔蛇之所也。或又云。雋州張生所養蛇。託生爲僞蜀王建太子元膺。有蛇眼。竟以作逆誅。誅之夕。梓潼廟祝。亟為亞子所責。言我在川。今始歸。何以致廟宇荒穢若此。據此。則所謂張惡子者。乃流轉於人與蛇間。一變幻不經之物耳。不知與文昌二字何與。又續通考云。劍州梓潼神張亞子仕晉戰歿。人為立廟。唐元宗〢〤〇西狩。追封左丞。僖宗〢〥入蜀。封順濟王。咸平宋眞宗〢〥中。王均為亂。官軍進討。忽有人登梯指賊大呼曰。梓潼神遣我來。九月二十日城陷。爾等悉當夷滅。及期。果克城。招安使雷有終以聞。改封英顯王號。此見於祀典者。然亦與文昌二字無涉也。明史禮志。宏治（孝宗）中。尙書周洪謨等。議祀典云。梓潼帝君者。記云。神姓張名惡子。居蜀七曲山。仕晉戰歿。人爲立廟。唐宋屢封至英顯王。道家謂帝命梓潼掌文昌府事。及人間祿籍。故元加號爲帝君。而天下學校。亦有祠祀者。景泰（代宗）中。因京師舊廟。闢而新之。歲以二月三日生辰遣祭。夫梓潼顯靈於蜀。廟食其地爲宜。文昌六星。與之無涉。宜敕罷。又續通考。嘉靖（明世宗）中。倪文毅請正祀典疏。亦本周洪謨之說。謂梓潼神。景泰五年。始勅賜文昌宮。今宜祀於蜀。不宜立廟京師。

至文昌之星。與梓潼無干。乃合而爲一。誠出附會。所有前項祀典，伏乞罷免。則亦謂梓潼之與文昌了不相涉也。然世以梓潼爲文昌，則由來已久。按葉石林崖下放言記蜀有二舉人，行至劍門張惡子廟，夜宿。各夢諸神，預作來歲狀元賦，甚靈異。高文虎蓼洲閒錄，亦載此事。然則張惡子之顯靈於科目，蓋自宋始。亦自宋之蜀地始。朱子語類所謂梓潼與灌口二郎（見後二百八十九張）兩個神，幾乎割據了兩川也。世人因其於科目事有靈異，元時遂以文昌帝君封之。前明又以文昌類其宮。而張惡子之爲文昌帝君。遂至今矣。明都印三餘贅筆則謂梓潼乃四川地。四川上直參宿。參有忠良孝謹之象。其山水深厚。爲神明所宅。或又謂斗魁爲文昌六府。主賞功進爵。故科名之士多事之。此二說。理雖較長。然皆從文昌二字立說。而於張惡子之所以稱文昌。則毫無干涉也。

辨 按今世文昌祠。所祀梓潼帝君。卽張惡子。本黃帝子名揮。託生爲張仲孝友。趙王如意。張氏養蛇。乃流轉於人與蛇之間。不過一變幻不經之物。與文昌二字，毫無干涉，見上九十張 夫文昌六星。本不能主科名祿籍。而又以與文昌毫無干涉之張惡子。謂掌理世間科籍。此其說眞元之又元。幻以滋幻者也。

魁星

引事物原會曰。禮檀弓不爲魁。注魁猶首也。博雅魁星名。史記天官書魁枕參首。注魁北斗第一星也。呂氏春秋有魁士名人。此用魁字之始。日知錄今人所奉魁星。不知始自何年。以奎爲文章之府。奎星名。按孝經援神契奎主文昌。故立廟祀之。乃不能像奎。而改奎爲魁。又不能像魁。而不取之字形。爲鬼舉足而起斗。不知奎爲北方元武七宿之一。魁爲北斗第一星。所主不同。而二字之音亦異。今文而祀。乃不於奎而於魁。誤矣。

琅邪代醉編引行營雜錄曰。宋徽宗崇寧[illegible]大觀[illegible]閒。京卞用事，拘以黨籍。禁蘇文忠墨迹而毀之。文忠卽蘇軾。按宋史蘇軾字子瞻。四川眉州人。歷仕宋英宗[illegible]神宗[illegible]哲宗[illegible]朝。累官學士。作文如行雲流水，獨冠當時。徽宗建中靖國元年[illegible]卒。諡文忠。徽宗崇寧[illegible]初。使臣蔡京蔡卞用事。嫉哲宗朝之賢臣蘇軾等。誣爲姦黨。崇寧二年。[illegible]詔毀刊行三蘇文集。政和[illegible]間。徽宗親臨寶籙宮醮筵。其主醮道流，拜章伏地。久之方起。上詰其故。答曰。適至上帝所。值奎宿奏事。良久方畢。始能達其章也。上歎訝。久之，問曰。奎宿何神，爲之所奏何事。對曰。所奏事不可知。爲此宿者。卽本朝蘇軾也。上大驚。不惟弛其禁。且欲玩其詞翰。一時士大夫。遂從風而靡。

辨 按今俗以魁星爲主文。故取字之形。塑翹足懸斗鬼像而祀之。事物原會稱當祀奎。並稱祀魁爲悞。（見上九十四張）然而所祀者。無論爲魁或奎。均悞也。葢星爲無靈之物。世間之事。莫能主也。以星爲主文而祀之。謬甚矣。塑鬼像而祀之。妄更甚矣。況天上諸星。係上主所造之物。用以炤耀世人。緣引世人推徵造彼眞主。奈何不知緣星以徵主而敬之。反指星以爲主而祀之。亦大負上主造星之意矣。

按奎宿爲宋儒蘇軾。道流設醮至上帝所。見之奏事。（見上九十四張）此說顯係道流揑造。藉以神其醮事也。彼道流何人。齋醮何事。豈能至上帝所而見奎宿之奏事哉。考通鑑綱目載宋徽宗政和六年。非從方士（見前六十六張）林靈素之言。作寶籙宮於景龍門。政和七年。非帝幸寶籙宮。命林靈素講道經。令士庶入聽。帝爲設幄其側。靈素據高座。使人於下再拜請問。然所言無殊絕者。時時雜以滑稽媟語。上下爲大鬨笑。莫有君臣之禮。朝士嗜進者。亦靡然趨之。又考明一統志載林素靈一日侍宴太淸樓下。見元祐黨碑。元祐黨碑者。元祐。宋哲宗年號。徽宗時佞臣蔡京等。嫉哲宗元祐時之賢士大夫。等其罪狀。謂之姦黨。請徽宗敕立碑石。上書黨人姓氏。即司馬光蘇軾蘇轍黃庭堅等百二十人。靈素稽首。上怪問之。對曰。碑上姓名。皆天上星宿。臣敢不稽首。審是。徽宗惑於道流。如是其深。故彼敢任意詐誑。妄謂至上帝所見奎星奏事。而徽宗竟被熒惑致信。愚哉。宜綱目廣義斷曰。徽宗之昏愚孰甚焉。使元祐黨碑上之蘇軾等百二十人。俱爲列星。則宋徽宗時。當又增百二十星矣。況宋以後如蘇軾輩。代不乏人。則天上之星。將必隨時增益矣。靈素之妄誕。直令天文家捧腹而笑也。世之敬魁星與奎宿者。何不之究耶。

社稷

引白虎通曰。社稷之祀。爲天下求福報功。人非土不立。非穀不食。土地廣博。不可徧敬也。五穀衆多。不可一一而祭也。故封土立社。稷爲五穀之長。故封稷而祭之也。按後漢書注。稷。秋夏乃熟。歷四時。備陰陽。穀之貴者。又稷者。得陰陽中和之氣。而用又多。故稷爲長也。

風俗通曰。社者。土地之主。土廣地博。不可徧敬。故封土以爲社而祀之。報功也。稷者。五穀之長。五穀衆多。不可偏敬。故立稷而祭之。

邱光庭兼明書曰。或問社之始。答曰。始於上古穴居之時也。先儒以社祭五土之神。五土者。一曰山林。二曰川澤。三曰坵陵。四曰墳衍。五曰原隰。凡土之所在。人皆賴之。故祭之也。又問稷之始。答曰。始有粒食之時也。先儒以稷祭百穀之神。又問曰。稷既百穀之神。不言穀而云稷者。何也。答曰。稷屬土。而爲諸穀之長。故月令謂之首種。首種者。種最在前也。諸穀不可徧舉。故舉其長而爲言之。以等之也。

五禮通考曰。陳氏禮書云。社所以祭五土之示。音岐同祇土神。稷所以祭五穀之神。而命之稷。以其首種先成。而長百穀也。稷非土無以生。土非稷無以見生生之效。故祭社必以稷。以其同功均利而養人故也。

又曰。楊氏復云。社者。五土之神。是亦祭地也。而有廣狹之不同。曰里社。則所祭者一里之地而已。曰州社。則所祭者一州之地而已。諸侯有一國。其社曰侯社。則所祭者一國之地。一國之外不及也。天子有天下。其社曰王社。則所祭者天下之地。極其地之所至。無界限也。故以祭社為祭地。惟天子可以言之。

淮南子曰。禹勞天下。而死爲社。后稷作稼穡。而死爲稷。

左傳曰。共工氏有子曰句龍。爲后土。此其祀也。后土爲社。註共工在太皞之後。神農之前。其子句龍。能平水土。故死而見祀。又曰。土正曰后土。註土爲羣物主。故稱后也。其祀句龍焉。

路史曰。炎帝神農氏。斲木爲耜。揉木爲耒。制畮(同畝)清甽(同畎)而戒之耕。謹修地理。以成萬物。是以年穀順成。故天下號曰皇神農。每歲陽月。萃萬民蜡戲於國中。

以報其歲之成。故祭司嗇先嗇。註先嗇司嗇。所謂田畝神。苗稼神。說者以神農爲先嗇。蓋自後世。豈有神農自祭其身哉。

又曰。炎帝柱。神農子也。佐神農氏從事於疇。殖百蔬遨音敖開也深耕。於是神農之功廣。而天下殷賑矣。五帝以來稷之。

又曰。帝嚳之上妃曰姜嫄。生棄。性敷而仁。戲惟稷黍長研耕稼。爲唐以天官。別五土之宜。教民時蓺嘉穀。虞舜帝乃國之於漦。同部號后稷。勤百穀而山死。是生𢊁龜世濟其德𢊁龜生叔均是代其父及稷播穀是爲田祖自商以來祀之〔註〕棄爲堯稷官立稼穡死配稷名爲田正詩人謂之田祖〔箋〕師注云田祖謂神農爲造田之祖然此經言叔均爲田祖則自是一人知其仂田者衆不得指云神農后稷先嗇司嗇田祖當別人也

〔左傳〕曰稷田正也有烈山氏之子曰柱爲稷自夏以上祀之周棄亦爲稷自商以來祀之〔註〕烈山氏神農世諸侯棄周之始祖能播百穀湯旣勝夏廢柱

而以棄代之。

禮記郊特牲曰。蜡之祭也。主先嗇而祭司嗇也。祭百種以報嗇也。註疏先嗇若神農。司嗇后稷是也。以先嗇爲主。司嗇從祭。種曰稼。斂曰嗇。不云稼而云嗇者。取其成功收斂。受嗇而祭也。

路史曰。社。土地之主。稷。五穀之主。俱土神。而所主之功異。所主既異。故其配亦異。柱棄句龍。第配食者耳。

又曰。社稷本土穀之神。配食者。亦曰社稷。所爲尊奉也。

春明夢餘錄曰漢平帝元始五年。에以夏禹配食官社。后稷配食官稷。唐宋及元。仍以句龍配社。周棄配稷。

又曰。明太祖洪武十年。에罷句龍與周棄。乃奉仁祖淳皇帝。配亨大社大稷。

太常紀曰。明惠帝建文元年에二月。祀社稷奉太祖撤仁祖位。

明仁宗實錄曰。仁宗洪熙元年에二月。祭社稷奉太祖太宗(成祖)同配。

明史禮志曰。明世宗嘉靖九年。將改復舊制。大社以句龍配。大稷以后稷配。

封神演義載殷洪商紂爾之次子。母姜后。妲已既陷害姜后。惡洪。唆於紂。紂令誅之。時洪年十二。武士方弼方相（見後二百六十二張）負之逃逸。後被紂之差將雷開追至。擒回商都。紂令處決。臨刑時。有太華山道仙赤精子。九仙山道仙廣成子。（見前二十九張）令黃巾力士。起作神風。將殷洪吹往太華山。追姬周伐商。赤精子令殷洪下山。助周伐商。詎殷洪出山違令。反助商拒周。赤精子怒。乃以太極圖。將殷洪化成灰燼。及周克商後。姜子牙見後二百六十張敕封殷洪為五穀之神。

【辨】按社為土神。稷為穀神。社稷之祀。祭大地百穀之神。春祈歲稔。秋報年登之意。見上百張或曰大地之生長。百穀之蕃衍。雖係造化上主。獨秉措施。然於宙合萬類。亦曾派設諸神以分司。故祀之。尋繹此義。則社稷之祀。當亦無悖於理。答曰。雖然。亦悖也。蓋祈報諸神。禮不宜祭。況諸神受命於上主。分司下土萬彙。其亦歸功於上主。而不敢自居。則世之人。豈可以諸神爲分司。遂歸功諸神。而於派設諸神之上主。反置若罔聞哉。

按歷來配祀社稷者。不一其人。初句龍夏禹互爲配社。柱棄神農叔均。迭爲配稷。迨及明季。又以其朝之列祖。代配社稷。見上九十八至百張 彼配享於祀者。孰是孰非。玆姑不論。第查古以句龍夏禹柱棄等。配食社稷。葢謂其在生。平治水土。始教稼穡。有功後世民生也。然而典籍載之。口碑頌之。彼句龍等。當亦無憾矣。今乃已作古人。於地土之滋生。年歲之豐登。彼莫得而與也。且無能為力也。蓋以造化上主。獨運其功能。獨沛其恩施耳。故春祈秋報。祈之於上主。報之亦於上主。是為正理。若以已故之人配祀社稷之神。悖理甚矣。若更以已故之人。祀為社稷之神。悖理尤甚矣。

按商紂子殷洪為五穀神。（見上百一張）其言不經。其事無稽。同為妄誕。顯然可見。無庸贅辨。

后土

引 左傳曰。君履后土而戴皇天。孔疏以地神后土言之。后土者地之大名也。履后土指謂地爲后土也。○五禮通考曰。此以后土爲地之大名。

周禮大宗伯曰。王大封則先告后土。鄭注后土土神也。○五禮通考曰。此以后土爲土神。

禮記檀弓曰。君祭而哭於后土。鄭注后土社也。○五禮通考曰。此以后土爲社。

周書武成曰。告於皇天后土。蔡傳句龍爲后土。○五禮通考曰。此以后土爲人神。

禮記祭法曰。共工氏之霸九州。其子曰后土。孔疏共工後世之子孫。爲后土之官。○五禮通考曰。此以后土爲土官。

五禮通考曰。后土。卽地祇也。祇音岐同 祇地神也 若土祇。則五土之祇。社稷則建國之土神而已。

又曰。祭地與祭社。其爲尊卑廣狹。大有別矣。

又曰。陳氏禮書云。周禮或言大祇。或言地祇。或言土祇。蓋大祇。則地之大者。地祇。則凡地之祇與焉。土祇。

則五土之元而已。禮記言兆於南郊。就陽位也。南郊祀天。則北郊祭地矣。祀天就陽位。則祭地就陰位矣。

文獻通考載漢文帝徵初。祭地以高帝配。

又載漢平帝始時。祭北郊以高后呂太后配。

後漢書世祖本紀載光武帝中元元年始改薄太后爲高皇后。配食地祇。遷呂太后廟主於園。

通典載晉魏明帝景初元年。下詔祀方丘所祭。曰皇皇后地。以舜妃伊氏配。北郊所祭。曰皇地之祀。以武宣后配晉書禮志載東晉明帝太寧三年。〓祀、北、郊、以、宣穆張皇后配。

宋書少帝紀載宋武帝永初三年。〓祀、北、郊、以、武敬皇后配。

隋書禮儀志載陳文帝天嘉〓中。北、郊、以、德皇帝配。

北齊書武成帝紀載北齊武成帝河清二年。〓以、武明皇帝配、祭、北、郊。

隋書禮儀志載陳臨海王光大〓中。以、昭后配、北、郊。

又載隋高祖文帝。〓定祀典。祭、皇、地、祇、以、太祖配。

舊唐書禮儀志載唐高祖武德[illegible]初。祭皇地祇以景
帝配。
通典載唐太宗貞觀[illegible]時。奉高祖配地郊。
宋史禮志載宋太祖建隆[illegible]以來。祭地祇迭奉四祖
崇配。
宋史徽宗本紀載宋徽宗政和四年。[illegible]祭地以太祖
配。
元史武宗本紀載元武帝至大二年。[illegible]北郊以世祖
皇帝配。

明集禮載明太祖洪武三年。始祀北郊。奉皇考仁祖湻皇帝配。

瑯邪代醉編曰。書云。皇天后土。皇者大也。后卽厚也。古字后厚通用也。揚州屬江蘇后土夫人祠。塑像后土爲婦人像。謬矣。月令云。其神后土。注云顓帝之子孫。祭法云。共工氏之霸九州也。其子曰后土。左氏傳云。共工氏有子曰句龍。爲后土。此豈婦人哉。古者天子稱元后。諸侯則爲羣后。若以后土爲婦人。則后夔后稷。亦可爲婦人乎。

諸神誕辰載三月十八日。后土娘娘誕。

辨按先儒疏解后土。說各不同。或以后土爲地之大名。或爲土神。或爲社。或爲人神。或爲土官。見上百三張孰是孰非。茲弗具論。第所稱后土之祭。異於社之祀者。蓋謂社祀一方土神。祭后土。乃祭大地之祇也。見上九十八及百三張吾不知此大地之祇爲誰。如謂卽係上主所造派司大地之神。祭之雖不可。敬之猶可也。若云非上主所派之神。而隆之以祭。謬甚矣。

按歷代配食后土者。均循各朝崇尚。有配以列祖者。有配以列后者。又有配以舜妃伊氏者。（見上百四張）亦不過各從所好耳。然而其妄實甚。已故之人。焉可附祭於神哉。

按后土稱夫人。稱娘娘。且爲之塑婦人像。（見上百五張）不經之說。蔑以加矣。大地之神。豈婦人哉。天父地母之說。僅喻言耳。豈眞以天地判男女乎。至三月十八日爲后土娘娘誕辰。（見上本張）夫既有誕辰。則后土信爲有生有死之一婦人。試問彼婦人未生前。

誰爲后土。誰司大地乎。彼祭拜后土誕辰者。當亦

爲之語塞矣。

城隍

引春明夢餘錄曰。城隍之名見於易。泰之上六曰。城復於隍。若廟祀。則莫究其始。惟蕪湖縣屬安徽太平府之城隍祠建於孫吳之赤烏二年。吽按太平府志城隍廟在府治東承流坊。始於吳赤烏二年創建歷代增修。禮記郊特牲曰。天子大蜡八。伊耆氏始為蜡。注曰。伊耆氏。堯也。蓋蜡祭八神。按禮記郊特牲註八蜡。即先嗇一。司嗇二。農三。郵表畷四。貓虎五。坊六。水庸七。昆蟲八。水庸居七。水則隍也。庸則城也。此正城隍之祭之始。春秋傳昭公十八年鄭災祈四鄘。是其証也。庸字不同。古通用耳。由是觀之。城隍之祭。蓋始於堯矣。

圖書集成城隍祀典部藝文載有唐臣張說張九齡杜牧李商隱輩祈晴禱雨守城用師祭告城隍之文。

按萬姓統譜張說字道濟。河南河南府洛陽縣人。累官中書令。杜牧字牧之。陝西西安府咸寧縣人。累官史館修撰。張九齡字子壽。廣東韶州府曲江縣人。累官中書侍郎。李商隱字義山。河南懷慶府河內縣人。累官太子博士。○按圖書集成城隍祀典部張說祭城隍文。中有曰。維大唐開元五年。歲四月二十日。荊州大都督張說。謹以清酌之奠。敢昭告於城隍之神。式崇薦禮。以展勤敬。庶降福四甿。式登百穀。猛獸不搏。毒蟲不噬云云。張九齡祭洪州城隍祈晴文。中有曰。維開元十五年。歲六月十日。洪州刺史張九齡。謹以清酌脯醢之奠。敬祭於城隍之神。今水潦所降。亦惟其時。而淫雨不止。恐害嘉穀。須達精誠。以時弭災。

無或失稔云云。杜牧祭城隍祈雨文。中有曰。五穀豐實。寒暑合節。天實生之。苗方甲而水湮之。苗方秀而旱莠之。饑則必死。天實殺之。刺史性愚。治或不至。凶惡殃罰。止當其身。胡爲降旱。毒彼百姓。謹書誠懇。佈之於神。神能格天。爲我申聞。李商隱爲安平公兗州守城祭城隍文。中有曰。年月日。致祭於城隍之神。四民攸居。是分都邑。五兵未息。爰假金湯。神受命上元。守職茲土。擁長雲之壘。提卻月之弓。張主威靈。彈壓氛祲云云。又爲懷州李使君用師祭城隍文。中有曰。惟神廣扇威靈。劃開聲勢。彼犯境者。望飛鳥而自遁。此滔天者。聽鶴唳以虛聲。云云。

宋史載蘇緘字宣甫。福建泉州府晉江縣人。舉進士。知邕州。今廣西南寧府宋神宗熙寧八年。州蠻交阯入寇圍邕。緘召僚吏郡人。分地自守。賊爲雲梯濠洞以攻城。緘悉焚之。賊乃囊土傳城。頃刻高數丈。蟻附而登。城遂陷。緘曰。吾義不死賊手。亟還州治。殺其家三十六人。藏於坎。縱火自焚。蠻至。求尸不得。屠郡民五萬餘人。緘沒後。交人謀寇桂州。今廣西桂林府行數舍。其衆見大兵從北來。呼曰。蘇城隍領兵來報怨。懼而行。歸邕。人爲緘立祠。

春明夢餘錄曰。趙宋以來。城隍之祀徧天下。或賜廟額。或頒封爵。至或遷就附會。各指一人以爲神之姓名。如鎭江。慶元。寧國。太平。華亭。蕪湖。等郡邑。皆以爲紀信。龍且。贛。袁。瑞。吉。建昌。臨江。南康。皆以爲灌嬰是也。按廣輿記通鑑綱目紀信甘肅秦州人。漢王三年。㒒楚項羽圍滎陽益急。漢將紀信曰。事急矣。臣請誑楚。乃乘漢王車。黃屋左纛。出東門。詐爲漢王降楚。楚兵皆之城東觀。漢王出西門。羽燒殺信。諡曰忠祐。滎陽縣今屬河南開封府。在今縣西五十里。〇按通鑑綱目漢王四年。㒒楚項羽使龍且將兵二十萬救齊。漢韓信夜令囊沙壅水上流。且引兵渡。信使人決壅囊。水大至。且軍大半不得渡。信急擊殺且〇按史記灌嬰睢陽人。嘗以販繒爲業。從漢高帝定天下。封潁陰侯。進太尉右丞相。諡曰懿侯。睢陽今河南歸德府。商邱縣。〇鎭江府今屬江蘇省。慶元今浙江寧波府。寧國府。太平府。今俱屬安徽省。華亭今江蘇松江府。蕪湖縣今屬安徽太平府。贛州。袁州。瑞州。吉州卽吉安府。建昌府。臨江府。南康府。今俱屬江西省。

琅邪代醉編載姑蘇江蘇蘇州府城隍。乃春申君。按乾隆蘇州府志春申君自唐以來。祀爲蘇城隍神。今惟東城土社神。稱春申君。按春申君初相楚。

後請封於江東。考烈以許之。因城故吳墟，以爲都邑。吳志亦云春申君嘗造蛇門。按吳郡圖經續記，周敬王六年，伐吳，吳王闔閭令子胥築蘇城，立水陸門各八。其南曰盤門，曰蛇門。其西曰閶門，曰胥門。其東曰婁門，曰葑門，曰將門。其北曰齊門。又南有赤門，北有平門，或稱巫門，蓋不須以八數者。以禦越軍。其廟食於此也固宜。杭州屬浙江城隍周新，廣東南海人，明永樂[illegible]中爲御史，後爲湘江憲使。在內名爲寒鐵，在外稱爲神明。後因紀綱之謗被害。彭參政作公傳曰：上常見衣紅者立日中。問爲誰。云：臣周新。上帝以臣剛直，命爲城隍云。按史記：春申君，楚人，名歇，姓黃，博聞善辯。楚考烈王元年，以黃歇爲相，封以淮北地。號曰春申君。後十五歲。黃歇請封於江東。考烈王許之。春申君因城故吳墟。考烈王無子。春申君遂李園計。娶李園女弟。知其有身。獻於楚王。王幸之。遂生子男。立為太子。以李園女弟為太后。楚王貴李園。園用事。恐春申君語泄而益驕。陰養死士。欲殺春申君以滅口。考烈王卒。李園伏死士於棘門之內。春申君入棘門。園使死士俠刺春申君。斬其頭。投之棘門外。於是遂使吏盡滅春申君之家。○按明史周新廣東廣州府南海縣人。初名志新。字曰新。明太祖洪武中。授大理寺評事。以善決獄稱。成祖即位。改監察御史。敢言多所彈劾。貴戚震懼。目為冷面寒鐵。京師中至以其名怖小兒。輒皆奔匿。後擢浙江按察使。一日視事。旋風吹葉墜案前。葉異他樹。詢左右。獨一僧寺有之。寺去城遠。新意僧殺人。發樹。果見婦人屍。鞫實磔僧。其他發奸摘伏。皆此類也。錦衣衛指揮紀綱使千戶緝事浙江。攫賄作威福。新欲按治之。遁去。綱誣奏新罪。帝怒。命逮新戮之。臨刑大呼曰。生為直臣。死當作直鬼。竟殺之。他日帝悔曰。新枉殺矣。後帝若見人耕衣立日中日。臣周新已爲神。爲陛下治奸貪吏云。

上海縣志載上海城隍。乃秦裕伯。字景容。直隸大名府人。元末以避地揚州轉徙上海。明太祖洪武二年。以應召起爲代制。後知隴州（屬陝西鳳翔府）卒。順治十年。紹海寇犯縣治。王總兵誣民通賊。周巡撫惑其說。將俟雞鳴縱戮。是夕。周見裕伯神。降。搖首數四。遂釋云。

冊府元龜載後唐廢帝清泰元年卌十一月。詔杭州城隍神。改封順義保寧王。湖州城隍神。封阜俗安成王。越州城隍神。封興德保閩王。（杭州府。湖州府。俱屬浙江。越州今浙江紹興府。

又載五代後漢隱帝乾祐三年。庚戌八月。封蒙州城隍神爲靈感王。按地理韻編蒙州。屬西平樂府永安州南。

續文獻通考載宋孝宗隆興元年。癸未上建寧府城隍。爲惠寧侯。加號福應。建寧府屬福建。

明集禮載元封燕京都城隍爲護國王。英宗至治壬戌中。加封溧水城隍。爲靈祐廣惠侯。溧水縣屬江蘇江寧府。

元史文宗本紀載元文宗天歷二年。己巳加封上都城隍神。爲護國保寧王。夫人爲護國、保寧、王、妃。

明史禮志載明太祖洪武二年。禮官言城隍之祀。莫詳其始。先儒謂既有社。不應復有城隍。自宋以來。其祠徧天下。或錫廟額。或頒封爵。至或遷就附會。各指一人以爲神之姓名。今宜附祭於嶽瀆諸神之壇。乃命加以封爵。京都城隍爲承天鑒國司民昇福明靈王。開封（府屬河南）臨濠（安徽鳳陽府）太平（府屬安徽）和州（屬安徽）滁州（屬安徽）皆封爲王。其餘各府爲鑒察司民城隍威靈公。各州爲鑒察司民城隍靈祐侯。各縣爲鑒察司民城隍顯佑伯。三年。詔定嶽鎮海瀆神號。畧曰。爲治之道。必本於禮。嶽鎮海瀆之封。起自唐宋。夫英靈之氣。萃而爲神。必受命於上帝。豈國家封號所可加。瀆禮不經。莫此爲甚。今依古定制。幷去前代所封名號。止稱某嶽某海之神。某府州縣城隍之神。又令各廟屏去他神。定廟制高廣如官署廳堂。造木爲主。毀塑像。京師城隍既附饗山川壇。又於二十一年改建廟。尋以從祀大祀殿。罷山川壇春祭。

倪岳請正祀典疏 按明史岳字舜咨。江蘇江寧府上元縣人。明英宗天順甲申進士。歷官禮部侍郎吏部尚書。略曰。歷代建國。必有高城深隍。上以保障宗社朝廷。下以捍衛百官萬姓。其所係甚重。其爲功不小。故國朝〔明〕之制。天下府州縣。皆有城隍廟之祭。歲以五月二十一日爲神之誕辰。按兩般秋雨盦今七月二十四日。爲都城隍誕辰。相傳是日爲築城之始云。及萬壽聖節。各遣官致祭。夫廟祀城隍之神。本非人鬼。安得誕辰。可謂謬妄。前項祭告。煩瀆無據。俱各罷免。奉旨是。

明史禮志載孝宗弘治元年。以禮部尚書周洪謨等。言京師都城隍之神者。舊在順天府西南。以五月二十一日爲神誕辰。故是日及節令皆遣官祀。夫城隍之神。非人鬼也。安有誕辰。況南郊秋祀。俱已合祭。則誕辰及節令之祀非宜。當罷免議上。乃命如所議行之。

明儒邱濬曰。城隍之名不經見。而史亦不書。惟唐李陽冰有當塗縣城隍廟記。按萬姓統譜廣輿記陽冰字少溫。趙郡人。唐肅宗乾元巛間。爲縉雲令。歲旱。禱城隍。與神約三日不雨。焚其廟。及期雨霑足。自爲文記之。後遷當塗。◎趙郡今直隸趙州。當塗縣今屬安徽太平府。縉雲縣今屬浙江處州府。陽冰。唐開元巛○以後人。則在唐已有矣。夫天地間。有一物。則有一神。山林有山林之神。川谷有川谷之神。聚一方之民。而爲高

城深池以衛之。必有所以主之者。此城隍之神所以

神歟。按兩般秋雨盦曰。按城隍乃主城郭之神。而世傳為治陰間之事。則又見夷堅志。國初

明朝承前代之舊。洪武元年〔1368〕皆加以封爵。府曰公。州

曰侯。縣曰伯。三年〔1370〕詔革去封號。止稱某府某州某

縣城隍之神。是年六月二十一日。又降旨各處城隍

廟。屏去閑雜神道。越二日又降命各府州縣城隍廟

宇。俱如其公廨。設公座筆硯。如其守令。造為木主。毀

其塑像。京師既以其神祔享於山川壇。又設為廟宇。

命京尹主其祭。府州縣者。守令主之。新官到任。則俾

其與神誓。見五禮通考。按兩般秋雨盦五代錢鏐有重修牆隍廟記。以城爲牆者。避朱全忠父名也。朱全忠。後梁主。愀

五禮通考曰。祈報之祭。達於王公士庶。京國郡邑。而無乎不徧者。在古惟社稷。而後世則有城隍。且其義其秩。頗與社稷類。而威靈赫濯。奔走巫祝。爲民物之保障。官吏之所依庇者。則更甚於社稷。在易泰之上六曰。城復於隍。禮記天子大蜡八。伊耆氏始爲蜡。水庸居七。水。隍也。庸。城也。詩大雅曰。崇墉言言。墉與庸同。說者謂即古祭城隍之始。夫聖王之制祀也。功施

於民則祀之。能禦災捍患則祀之。況有一物。則有一物之神。近而居室飲食。如門井戶竈中霤。尙皆有祀。矧夫高城深溝。爲一方之屏翰者哉。孟子曰。築斯城也。鑿斯池也。與民守之。效死而民弗去。是城隍直與地方民物相依爲命。誠不殊於社稷矣。民爲貴。社稷次之。其祀顧不重歟。但社稷所以養人。而城隍所以衛人。且濬隍爲城。亦土之功用。則社宜足以該之。然而古人必別有水墉之祭。而後世且盛於社稷者。竊意三代時。封建法行。分茅胙土。首重社稷。卽降而卿大夫。莫不有采地。下而農夫。亦有井田。衣租食力。專以土穀爲重。故自天子諸侯而外。大夫以下。成羣置社。祈焉報焉。如是而已。雖城與隍。不過秩百神之列。而索饗之。亦其宜也。後世易封建爲郡縣。而兵戈盜賊。戰攻防守之事起。遂專以城池爲固。守土之臣。齋肅戰栗而嚴事之。平時則水旱疾疫。於以祈禳。有事則衛民禦敵。於焉請禱。亦理勢之不得不然者也。

【又】曰。城隍之神。不見於經。說者乃推本於八蜡之水庸。亦似有理。其昔微今盛。則由封建變爲郡縣。故城隍之保障特重。洵篤論也。蓋禮與時宜。則神隨代立。城隍固國庇民之功。允宜咸秩無文。以補祀典之缺。其體制則洪武初年。始為壇立主。與社稷同。最得古意。然尸法既亡。塑像亦近尸之意。愚民疑耳而信目。文告不如像設之竦觀而懾志也。則立廟塑像。亦不可厚非者爾。至如紀信灌嬰龍且蘇緘（見上百九張）之事。則近乎誕矣。然達觀之。亦復於理可通。古者五行之帝。本天神而配之以五人帝。佐之以五人臣。則人鬼也。天神之矣。社本土神。稷本穀神。而句龍與柱配焉。

商人又以棄易柱而爲稷。見前九十九張則人鬼也。而土神之。穀神之矣。夫生而爲英者。死而爲靈。幽明本無二理。如彼紀灌諸人。雖不可與聖賢並然。亦各表見於時。而非碌碌者比。則死爲城隍。亦如古之配食者然。何足深怪哉。若夫誕辰之祝。夫人之封。則附會太甚。固不足辨耳。

辨按城隍之祀。或稱莫詳其始。或稱本於八蜡之水庸。始於陶唐。見上百八張或稱在古惟社稷。而後世有城隍者。由於封建改爲郡縣。見上百十六張顧志乘所載。惟蕪湖之城隍廟。建於孫吳赤烏之閒者爲最古。前此則未有紀也。而其廟之徧於天下。則起自趙宋以後。見上百九張然其廟祀之始。究係何時。不關是篇立說本旨。無庸推考。姑將世之祀城隍。與其祀之者何意。所祀者爲誰。畧論之。

按唐代祭告城隍之文。知當時之祀城隍也。靈雨則祈晴。亢暘則禱雨。守城則求彌壓氛祲。用師則貔廣扇威靈。見上百八張今世之祀城隍也。亦於旱潦災患。疫癘死亡。莫不鞠跽拜叩。呼號祈請。一若城隍為主持郡邑之災祥。黎民之生死者。使城隍獨秉權衡。有求輒應。不負世人祀之之意。則城隍之祀。顧不重歟。然而果能若是否乎。彼祀之禱之者亦可自驗矣。

按邕州以宋時之知州蘇緘為城隍。稱其失守城池。自行焚死。得為城隍。領兵報怨。見上百九張此種妄誕。難涵識者之聽。嘗考緘知邕州。交蠻來寇。緘力竭。城遂陷。亟還署。先殺其家三十六人。藏於坎。縱火自焚。吾不知緘知邕州時。其父母曾迎養於署否。使果在署。亦必在三十六人之中。是交鑾之誅戮未形。而蘇緘之害理滅倫。已先加於家人骨肉矣。緘之為人。烈則烈矣。忍乎不忍。所稱後於交鑾謀寇桂州時緘為城隍。領兵報怨。夫緘之死。固自致之。緘之為城隍。其自立之乎。抑有立之者乎。如曰自立。則既能自立城隍於已死之後。何不能保守其城於未死之前乎。能領兵報怨於桂州被寇之際。何不能飭屬御敵於邕州受困之時乎。如曰有立之者。則凡失城辱師。不亡於陣。遁而自盡者。

皆得立爲城隍。將候選候補之城隍。當以千萬計。我不知蘇緘何由而即得補缺乎。我又不知彼之前任城隍。因何參處而撤任乎。抑或邕州城隍之缺。久虛其位以待之乎。不經之說。略駁詰而立窮。蘇城隍領兵之說。好事者倡之。愚者從而信之。可慨也夫。

按鎮江贛袁等府州。各以紀信龍且灌嬰爲城隍。見上百九張其始於何時。因何緣起。未經查有明文。但以蘇緘事類推之。必亦好事者爲之倡耳。紀信。漢王將。捨身救君。爲項羽焚死。龍且。項羽將。誤中敵計。爲韓信擊殺。灌嬰。漢興功臣。初從征討。後平諸呂。位至丞相而卒。見上百十張茲兩將一相。當其生時。雖忠勇賢良。亦不過適如其分。豈於焚死擊殺後。竟能主持郡邑之災祥。黎民之生死。而爲城隍哉。說者謂以紀灌諸人祀爲城隍之神。固近乎誕。然或以爲配食之城隍。亦復於理可通。不足深怪。見上百十七張噫。殆亦曲爲解釋也。配食者。附祭之謂也。紀灌諸人。縱或表見當時。爲一世雄。然於今安在。禍福人世。豈得與聞。祀為城隍。無論為主為附。胥屬徒然。彼所不能者。而强之以為能。則雖日奉三牲以媚之。頷胼膝胝以求之。亦徒自勞耳。況以主持人世之大權。操自上主者。猥稱已故之人。得以僭握。於理亦何可通哉。至楚春申君。明周新。秦裕伯等。為蘇杭上海城隍見上百十張及今之城鄉等處。各指一已故之人為城隍。俱當以紀灌輩例之。無庸逐一贅論矣。

按明代以禮官言既有社。不應復有城隍。屏斥前代各指一人爲神姓名。乃制城隍附祭於嶽瀆諸神、初猶相沿舊制。封以王公侯伯等爵。旋以諸神爲受命於上帝。非國家封號所可加。乃詔革去。止稱城隍之神。又令毁其塑像。造木爲主。且當時以五月二十一日爲城隍誕辰。禮官倪岳周洪謨等言城隍之神。本非人鬼。安有誕辰。可謂謬妄。見上百十三張明儒邱濬又言。天地間有一物。即有一神。山林有山林之神。川谷有川谷之神。高城深池。捍衛一方。其主者爲城隍之神。見上百十四張由是觀之。明代儒臣所言之城隍。乃主守城邑之神也。果爾。山川城池。各有守神。如九重諸天。有運動之神。日月星辰。有駕馭之神。萬國九州。嶽瀆郡邑。各有護守之神。第斯神也。非所稱英靈之氣萃而爲神。乃上主所造之神。分司天下者也。上主爲羣神之主。羣神爲上主之臣。則禮祀城隍。如以酬上主所派羣神護守之恩。藉伸其敬。縱曰致敬羣神。禮不宜祀。然原其致敬之誠。尚無悖於理。然而吾猶惜明之儒臣。僅知所祀之城隍。當爲受命上帝主守城邑之神。

並非人鬼。不宜指已故之人為神姓名。猶未明喻斯神為上主所造之神。乃謬稱英靈之氣萃而為之者也。（見上百十三張）試問彼英靈之氣。何從而有。何得萃而為神。蓋惟上主為自有。自有者。即為上主。上主之外。俱不得自有。必當有其所自。則英靈之氣。且不得自有。烏得自萃為神乎。使或自有自萃為神。亦不必受命上帝矣。明儒所言城隍之祀。推原其意。似尚合理。然猶未深悉其蘊也。

按城隍塑像。明洪武時詔令毀去。（見上百十三張）然說者謂設立塑像。未可厚非。蓋愚民疑耳而信目。文告不如像設之竦觀而懾志耳。見上百十六張其說固是。但須視其所像者為誰耳。如像可敬之神。所謂神而形之。以資屬目而起敬。衡於理固無不合。若乃無稽之人鬼。安可塑其像以竦人敬乎。則設立城隍像。縱不信靈依於是。又安得謂未可厚非者哉。

按城隍之封王爵。始於後唐廢帝。見上百十一張城隍夫人之封王妃。始於元文宗。見上百十二張夫城隍之封。明史已斥為瀆禮不經。夫人之封。五禮通考亦以為附會太甚。（見上百十七張）則前人已有先得予心者。予亦何能更贊一辭哉。

【引】北齊書慕容儼傳載慕容儼字恃德，清都成安人，（今屬直隸廣平府）初仕東魏，迨北齊文宣帝高洋受魏禪。天保三年，儼蕭梁司徒陸法和等。率其部下以郢州城（今湖北武昌府）附齊。時清和王岳帥師江上，乃集諸將議曰。城在江外，人情尙梗，必須才略兼濟，忠勇過人，可受此寄耳。衆咸共推儼，岳以爲然。遂遣鎭郢城。始入，便爲梁大都督侯瑱任約，率水陸軍奄至城下。儼隨方禦備。瑱等不能剋。又於上流鸚鵡洲上。在湖北武昌府城南造、荻葓、竟數里、以塞船路。人信阻絕。城守孤懸。衆情危懼。儼導以忠義。又悅以安之。城中先有神祠一所。俗號城隍神。公私每有祈禱。於是順士卒之心。乃相率、祈請。冀獲冥祐。須臾衝風、歘起、驚濤、涌激。漂、斷荻葓。約復以鐵鏁、連緝。防禦彌切。儼還共祈請。風浪夜驚。復以斷絕。如此者再三。城人大喜。以爲神助。瑱移營、於城北。造柵置營。焚燒坊郭。產業皆盡。約將戰士萬餘人。各持攻具。於城南置營壘。南北合勢。儼乃率步騎出城奮擊。大破之。擒五百餘人。

辨 按北齊書。載慕容儼鎮守郢城。敵軍奄至城下。又以荻洪鐵鏁。梗塞船路。人信阻絶。城守孤懸。衆情危懼。儼請援於城隍。忽起衝風巨浪。漂斷荻洪鐵鏁。見上本張 或論之曰。唐李延壽作北史。稱盧景裕按北史盧景裕傳。景裕字仲儒。小字白頭。直隷河間府人。先世歷仕北魏。魏節閔帝普泰初。景裕除國子博士。注周易尚書老子等書。義理精微。又好釋氏。叛東魏。以應西魏。及敗。繫晉陽獄。今山西太原府太原縣誦高王經。而枷鏁自脫。

宋羅長源著路史。力辨其事爲妄。且曰。俗士之爲史官。孰有如李延壽之甚者乎。又曰。延壽眞狐埸兎落之俚儒也。夫北齊書唐李百藥所作也。其述禱請城隍。荻萁鐵鏁漂斷之事。見上百廿三張雖未見斥於路史。實與諷誦高王經。枷鏁自脫之事相類。則以延壽俗士史官。狐埸俚儒之稱。轉遺之於百藥當亦不爲過也。然而吾則曰。不當獨咎百藥當責儼之詭詐也。蓋揣當時。城守孤懸。衆情危懼。計無所出。詭託冥祐。藉安衆心。幸其時風浪適作。萁鏁俱斷。儼乃得以附會誇張之。然使風浪之作。萁鏁之斷。果爲城隍冥助。則常萁鑠斷絕後。侯瑱焚燒坊郭時。(見上百二十三張)何不再施援救乎。豈其僅能呼風激浪。不能噀水以熄坊郭之燎乎。儀說譎以附會之。百藥好奇而漫紀之。後世聞之者。又不察而誤信之。遂致以訛傳訛。煽惑世人。儀與百藥實有難辭之咎已。今世之紛傳城隍顯聖。駭人聽聞者。俱當以漂萁脫枷之事類之。述聞紀事者。亦當以儀與延壽百藥輩例之。

引新齊諧載康熙間隴西縣屬甘肅鞏昌府城隍。塑黑面而髯者。貌頗威嚴。忽於乾隆間。改塑像爲美少年。或問菴僧。僧曰。聞之長老云。雍正七年。有謝某者。年甫二十。從其師在廟讀書。夜間先生出外。謝步月吟詩。見一人來禱。乃隱於神後伺之。聞其祝曰。今夜若偷物有獲。必具三牲來獻。方知是賊也。心疑神乃聰明正直之人。豈可以牲牢動乎。次日賊竟來還願。生大不平。作文責之。神夜託夢於其師。將降生禍。師醒後。問生。生抵賴。師怒。搜其篋。竟有責神之稿。怒而焚之。是夜神踉蹌而至。曰我來告你弟子不敬神明。將降以禍。原不過嚇嚇他。你竟將他文稿燒化。被行路神上奏東嶽。登時將我革職拿問。一面將此城隍之位。奏明上帝。即將汝弟子補缺矣。欷歔而退。未三日。少年卒。廟中人聞呼騶聲。云是新城隍到任。爾後塑像者。易黑鬚之貌。為美少年。

（按）按隴西城隍。初塑黑面而髯鬚。後改裝白面書生。住僧謂黑面者。因貪鄙褫職。而補授者為謝生。見上百下十四條第塑城隍廟貌。或面黑或面白。悉由住僧主之。更換新式。聳人供奉。然隴西城隍之改裝。住

僧既欲矯誣。何以不捏乞假告病。乃竟委以貪鄙
褫職耶。雖然。其捏造緣由。頗有曲致。該僧亦譎矣
哉。

土地

引蔣子文傳見古今說海曰。蔣子文者。廣陵江蘇揚州府人也。嗜酒好色。佻撻無度。嘗自謂已骨青死當爲神。漢末。吡爲秣陵江蘇江寗府江寗縣尉。逐賊至於鍾山按明一統志在江寗府城東北之下。賊擊傷額。因解綬以縛之。有頃遂死。及吳先主吳大帝孫權之初。其吏見子文於道。乘白馬執白羽扇。侍從如平生。文曰。吾當爲此土地神也。爲吾立祠。不爾使蟲入耳爲災。吳主以爲妖言。後果有蟲入人耳。皆死。醫不能治。又曰。不祠吾。當有大火。是歲數有大火吳主患之。封爲都中侯。加印綬。立廟堂。改鍾山爲蔣山。以表其靈也。按明一統志漢秣陵尉蔣子文逐盜死於鍾山。吳大帝爲立廟。子文祖諱鍾。因改蔣山。

陔餘叢考曰。按夷堅志湖州江屬浙烏鎮普靜寺本沈約按梁書約字休文。浙江湖州府武康縣人。仕南齊明帝。喺蕭梁武帝嘅朝。父墓約官於朝。梁都江蘇江寧府嘗每歲一歸祭掃。其反也。梁武帝輒遣昭明太子遠迎之。約不自安。遂遷葬其父於金陵。江寧府而捨墓爲普靜寺。故寺僧祀約爲土地神。又宋史徐應鑣傳臨安縣屬浙江杭州府太學本岳飛。按宋史飛字鵬舉。河南彰德府湯陰縣人。仕宋高宗朝。故第。故飛爲太學土地神。

瑯邪代醉編載宋臣張南軒按尚友錄廣輿記南軒名栻字敬夫。四川綿州綿竹縣人。宋孝宗時之名臣。治桂林。屬廣西毀淫祠。堂後見土地祠。令毀之。曰不經。況自有城隍。見前百八張在。諸生問有社。見前九十七張莫不須城隍否。曰城隍亦爲贅也。然載在祀典。今州郡惟社稷爲正。

夷堅志載侯官縣屬福建福州府市井小民楊文昌以造扇爲業。爲人樸直安分。閭井頗推重之。一日出街。繳閃仆於地。若氣厥同瘚者。少頃復蘇。語路人曰。適間逢黃衣持文牒在手。外題云。拜呈交代。接而啟視之。云楊文昌可作畫眉山土地。替鄭大郎。我應之曰諾。遂豁然而悟。還家。明日別母與妻子。沐浴而逝。時慶元元年（宋寧宗年號）春也。歲晚蜀客至閩。楊之子因其來買扇。從容話及前事。客言畫眉山者。正在四川嘉州郡。（四川嘉定）府人盡談今年二月內。多夢新土地上任。楊子乃知父為神云。福州醫李翼說親覩其事。

【辨】按嗜酒好色之蔣子文。自謂其骨青色。死當為神。迨被擊死。作祟為厲。強人祀之。見上百二十七張據此。

則土地係酒色之徒。乃好事者。竟忘其爲人。揑造怪誕。妄謂其顯靈作祟。索人祭祀。如果有其事。乃妖魔借形。令人淫祀。決非正直之神。盍以理衡之。如神而正直也。民不之敬。但不之祐。而乃驅蟲殺之。縱火焚之。斯民何辜。遭此无妄之災。豈正直之神而爲此哉。至子文之骨色青。查大地之上。人類一也。皮色有黑白之殊者。緣所居之地。有天氣水土之不同。骨則無異也。惟雖有青骨之一種。何子文獨類之耶。奇矣。

按沈約捐其廢墓。岳飛捨其故第。寺僧太學遂祀之爲土地神。見上百二十七張據此。寺僧太學以約飛爲本寺本學土地。蓋德之爲施主耳。初非爲其能禍福人也。則各處土地緣起。概當類是。其所稱主持一方之禍福。乃後人之附會耳。

按宋臣張南軒以旣有社。城隍亦爲贅。土地更屬不經。令毀之。見上百二十八張夫社與城隍。已專篇詳論。南軒之毀土地祠。殆以所祀者係人鬼。祀人鬼。淫祀也。毀之極宜。桂林之土地伊誰。未經考有載記。

惟觀今之土地祠。幾徧城鄉鎮市。供有塑像。或如鶴髮雞皮之老叟。或如蒼髯赤面之武夫。問其所像爲誰。有答以不知爲何許人。有答以已故之正人某。姓張姓李。或老或壯。言人人殊。俱稱爲土地公公。或祈年豐。或禱時雨。供香燭。焚楮帛。紛紛膜拜。甚虔也。噫。謬甚矣。穗大堅均。雨暘時若。豈彼土地所能爲力哉。人生天地間。時受造化大主撫養保存。乃忘其受恩之原。以祀社稷。且又不可。而況無稽之土地。是尊是奉。豈非謬之至。妄之甚耶。

按楊文昌代鄭大郎為畫眉山土地，由其氣癖仆地。醒後。自稱見黃衣使持牒來邀。并由蜀客謂該處人夢新土地上任，（見上百二十八張）此種誕妄，無庸置辨。但稱李賀目覩其事。吾不知其目覩者為何事。其見黃衣使耶。抑見文昌上任耶。吾烏乎知之耶。

十殿閻王

閻羅王

引　玉歷鈔傳載十殿在酆都。按酆都在四川忠州酆都縣。其地有古殿十重。最上一層在石巖之下。封鎖甚固。人不敢開。每夜常有拷鬼聲達外。慘不堪聞。明萬歷間。炤巡撫郭公。曾開其殿。入內冥黑。把火燭之。見一碉。深不可測。冷風逼人。因命造一木盤。公自坐其中。用繩弔下。至一二十丈。地忽平。執燈出盤。紆行里許。始見天光。別一世界。煙雲縹緲。樹木陰森。中有金釘朱門。窮極宏麗。進第一殿。會見關聖帝君。禮畢。

送進第二殿。每殿有王者出迎，至第五殿，王者賜坐待茶。公因問及幽冥之事。王者曰，人死有魂，魂有大小，大者充塞宇宙，小者布滿鄉里，冥司所以問罪者，惟誅其魂也。少頃，仍命送至硐口。循繩弔上。白邑宰言其狀。並立碑在夔府（夔州府屬四川）以紀其事。

(又)載世八云。陰司有十八層地獄之說。非也。此是入八重地獄。如第二殿之活大地獄。三殿之黑繩大地獄。四殿之合大地獄。五殿之叫喚大地獄。六殿之大叫喚大地獄。七殿之熱惱大地獄。八殿之大熱惱大

地獄。九殿之阿鼻大地獄。八重大獄之外。各另有十
六小地獄。及本殿之血污池。枉死城。大小共一百三
十八獄。按（觀佛三昧海經）阿鼻地獄十八。小地獄十八。寒地獄十八。黑闇地獄十八。小熱地獄十
八。刀輪地獄十八。劍輪地獄十八。火車地獄十八。沸屎地獄十八。鑊湯地獄十八。
（又）載血污池。置設殿後之左。陽世誤聞尼僧所說。皆
因婦人生產有罪。死後入此污池。謬之極矣。凡坤道
生育應有之事。均不罪其屍鬼污穢。發入此池。無論
男女在陽世。不顧神前佛後。不忌禁辰。及好宰殺。血
濺廚竈神佛廟堂者。永浸此池。不得出頭。陽世能有

親屬。代爲戒殺放生。數足之日。方可超脫其苦。

又載枉死城。係圍繞本殿之右。世人誤以爲凡受傷冤死者。悉皆歸入此城之說。遍傳爲實。須知屈死者。豈再加以無辜之苦乎。向准冤魂各俟兇手到日。眼見受苦。使遭害者以消忿恨。至被害之魂。得有投生。始行提出。解交諸殿各獄受苦。並非屈死之魂。概入此城。

玉歷鈔傳閻王經。台載第一殿。秦廣王蔣。二月初一日誕辰。專司人間夭壽生死。統管幽冥吉凶。善人壽終。接引超昇。功過兩半者。送交第十殿發放。仍投入世。男轉爲女。女轉爲男。惡多善少者。押赴殿右高臺。名曰孽鏡臺。令之一望。照見在世之心好歹。隨卽批解第二殿。發獄受苦。

又台載第二殿。楚江王歷。三月初一日誕辰。司掌活大地獄。又名剝衣亭寒冰地獄。另設十六小獄。凡在陽間傷人肢體。姦盜殺生者。推入此獄。另發應到何小獄受苦。滿期轉解第三殿。加刑發獄。

又台載第三殿。宋帝王余。二月初八日誕辰。司掌黑繩大地獄。另設十六小獄。凡陽世忤逆尊長。教唆興訟者。推入此獄。另發應至幾重小獄受苦。受滿轉解第四殿。加刑收獄。

又合載第四殿。五官王呂。二月十八日誕辰。司掌合大地獄。又名剝戮血池地獄。另設十六小獄。凡世人抗糧賴租。交易欺詐者。推入此獄。另再判發小獄受苦。滿日送解第五殿察核。

又合載第五殿。閻羅王天子包。正月初八日誕辰。前本居第一殿。因憐屈死。屢放還陽伸雪。降調此殿。司掌叫喚大地獄。并十六誅心小獄。凡解到此殿者。押赴望鄉臺。令之聞見世上本家。因罪遭殃各事。隨即推入此獄。細查曾犯何惡。再發入誅心十六小獄。鉤出其心。擲與虵食。受苦滿日。另發別殿。

又合載第六殿。卞城王畢。三月初八日誕辰。司掌大叫喚大地獄。及枉死城。另設十六小獄。凡世人怨天尤地。對北溺便涕泣者。發入此獄。查所犯事件。應發何小獄受苦。滿日轉解第七殿。再查有無別惡。

又合載第七殿。泰山王董。三月二十七日誕辰。司掌熱惱地獄。又名碓磨肉醬地獄。另設十六小獄。凡陽世取骸合藥。離人至戚者。發入此獄。再發何重小獄。受苦滿日。轉解第八殿。收獄查治。

又合載第八殿。都市王黃。四月初一日誕辰。司掌大熱惱大地獄。又名熱惱悶鍋地獄。另設十六小獄。凡在世不孝。使父母翁姑愁悶煩惱者。擲入此獄。再交各小獄加刑受盡痛苦。解交第十殿。改頭換面。永為畜類。

又合載第九殿。平等王陸。四月初八日誕辰。司掌酆都城鐵網阿鼻地獄。另設十六小獄。凡陽世殺人放火斬絞正法者。解到本殿。用空心銅柱。鍊其手足相抱。煽火焚燒。盪燼心肝。隨發阿鼻地獄受刑。直到被害者個個投生。方准提出。解交第十殿發生六道。按(續)文獻通考注。六道。天道。地道。人道。魔道。地獄道。畜生道。

(又)合載第十殿。轉輪王薛。四月十七日誕辰。專司各殿解到鬼魂。分別善惡。核定等級。發四大部洲投生。男女壽夭。富貴貧賤。逐名詳細開載。每月彙知第一殿註冊。凡有作孽極惡之鬼。着令吏變卵胎濕化。朝生暮死。罪滿之後。再復人生。投胎蠻夷之地。凡發往投生者。先令押交孟婆神。醧忘臺下。灌飲迷湯。使忘前生之事。

（玉歷鈔傳）載孟婆神生於前漢。以幼讀儒書。壯誦佛經。凡有過去之事不思。未來之事不想。在世惟勸人戒殺喫素。年至八十一歲。鶴髮童顏。終是處女。只知自己姓孟。人故稱之曰孟婆阿奶。入山修眞。至後漢。世人有知前世因者。妄認前生眷屬。是以上天敕令孟氏女。爲幽冥之神。造築醧忘臺。採取俗世藥物。合成如酒非酒之湯。分爲甘苦辛酸鹹五味。派諸魂飲此湯。使忘前生各事。如有刁狡鬼魂不肯飲者。令以銅管刺喉灌吞。

隋書載韓擒虎字子通。河南河南府新安縣人。初仕北周。迨隋受周禪。隋文帝開皇初。擒以平陳功進上柱國。有司劾擒放縱士卒淫於陳宮。坐此不加爵邑。居無何。其隣母見擒門下儀衛甚盛。有同王者。母異而問之。其中人曰。我來迎王。忽然不見。又有人疾篤。忽驚走至擒家曰。我來謁王。左右問曰。何王也。答曰閻羅王。擒子弟欲撻之。擒止之曰。生爲上國柱。死爲閻羅王。斯亦足矣。因寢疾數日竟卒。時年五十五云。

琅邪代醉編載寇萊公準按弘簡錄寇準傳準字平仲。陝西西安府渭南縣人。歷仕宋太宗眞宗朝。封萊國公。仁宗天聖元年卒。有妾蒨桃隨南遷。再移光州。蒨桃泣曰。妾前世師事仙人爲俠。今將別去。敢有所託。願葬杭州天竺寺。萊公諾。曰。吾去非久也。何之。桃曰。吾向不言。恐泄陰理。今欲去。言無害。公當爲地下主者浮提王也。公不久亦亡。有王克勤僧也見公於曹州境上。擁騶北去。克勤詢後騎曰。公何往。曰。閻浮提王。閻浮提卽佛也。閻浮提王。卽閻羅王也。交政也。

辨　按閻王十殿。在四川酆都縣石巖下。明時有郭某者。乘盤入硐。下見別有世界。煙雲縹緲。樹木陰森。中有金釘朱門各殿。并見關羽及各閻王。與之坐談茶敘。見上百三十一張　此說不經。顯係好事者。襲桃源故事。捏造點綴。以神其說也。蓋此十殿。如明時可見。今當亦可見。郭某可往。他人當無不可往。何自明至今。郭某之外。再無問津者。况所稱閻王旣爲冥魂。冥魂無形。其居無需有形之宮殿。且釋氏稱關羽主宰上天。（按武帝彙編關羽上司三十三天。）玆又稱與幽冥之閻王。居於石巖之下。豈非自相矛盾乎。

按玉歷鈔傳稱地獄僅有八重。並無十八重。（見上百三十一張）但查封神演義。有黃飛虎者。初爲商紂將。後歸順姬周。沒於戰。姜子牙（見後二百六十張）封爲執掌幽冥地府。一十八重地獄。再查姜子牙所封之神。釋家莫不信而敬之。惟於所封之黃飛虎掌十八重地獄。則反是。此正予所不解者也。

按大小地獄。共有一百三十八處。悉照各人所造之孽。依次押入。滿期提出。或投胎復生。或為畜類。或為濕化昆虫。見上百三十二張 此說尤屬不經。且又大悖正理。蓋凡國家立法申禁。必有科罪之條。俾民畏而知警。故於大逆不道。則問以大辟極刑。而人仍有犯之者。第以大辟之外。無可復加。立法者已極其權之所能及。雖仍有違犯。不得謂立法未善。申禁未嚴也。若是。則申明厲禁。而問犯者之罪。不極其權之所能及。不可也。審若是。後世之地獄。為永刑之所。必也。蓋世人知其爲永刑，尙有不自警畏。而乖常反道，如或不設此刑，則更無所警畏矣。不將謂上主立倫常之大道，定刑法以懲儆。未極其權之所能及乎。是則地獄爲永刑之所。必也，然如釋家所云。世人大逆不道。死後經過一百三十八獄。遂爲期滿罰盡。可出獄投生。縱或變爲畜類。或濕化昆虫。而獄苦總可脫離。則將謂地獄非永刑矣。又將謂上主立法未善。申禁不嚴矣。豈非大悖乎理哉。

按所稱作某孽則罰以某獄。見上百三十三張　如謂人在獄中。除公刑之外。另受各罰之苦。此說尚屬可通。第所稱對北溺便涕泣者。發入第六殿之大叫喚大地獄。見上百三十四張　此種妄說。令人噴飯。彼稱北向溺泣。應入地獄者。蓋謂北有北斗星。不可褻慢也。然而南有南斗。東有啟明。西有長庚。均星也。北斗不可褻。南斗啟明等。豈獨可慢乎。由是以推。溺便涕泣。將何適之從耶。抑將禁人溺便涕泣耶。彼能於此下一轉語耶。

按秦廣楚江等十閻王。司掌幽冥吉凶。發落惡魂入獄。核定投生等級。各有居殿。各有司獄。見上百三十二張此說更屬不經。彼秦廣諸人。既各有誕辰。見上百三十二張俱係前時在世。今時已故之人。使其在生為善。早已升天享福。使在生為惡。久已墮獄受刑。此人類之終極。一定不易之眞理。秦廣等。豈能獨背此理。死後居石巖下。而為閻王乎。使廣等果為閻王。試問廣等未死前。巖下十殿。將闕其無人乎。一百三十八獄。絶無司掌者乎。如曰不然。則秦廣等第補授者耳。然閻王之缺。旣有調補遷授之事。何秦廣諸人後。至今未有補授者乎。使謂未有稱職者。隋之韓擒。宋之寇準。非已稱爲閻羅王乎。見上百三十六張何至今不以之補授乎。總之上主所設地獄。以罰傲魔惡人。上主自主之。又派諸善神分司之。非已死之人所得聞問也。至血污池。枉死城。見上百三十二張孽鏡臺。望鄉臺。見上百三十三張醧忘臺。見上百三十五張等等不經之說。明理者自知之。無庸逐一贅辨也

地藏王

（引）重增搜神記明一統志合載地藏王者。一稱新羅國、按唐書東夷新羅。東夷國。東南日本。西百濟。南瀕海。北高麗。僧。一稱王舍城按太平御覽西戎王舍城。西戎地。在天竺摩訶賴國南。僧。本名傅羅卜。法名目連。按江南通志姓金名喬覺嘗師事如來。始創盂蘭盆。救其母於餓鬼之苦。按盂蘭盆經目連見其亡母。生餓鬼中。即以鉢盛飯。往餉其母。食未入口。化成火炭。遂不得食。目連大叫。馳還白佛。佛言汝母罪重。非汝一人力所奈何。當須十方眾僧威神之力。至七月十五日。當為七代父母。現在父母。厄難中者。具百味五菓。以著盆中。供養十方大德。佛勅眾僧。皆為施主咒願七代父母。行禪定意。然後受食。是時目連母。得脫一劫餓鬼之苦。○按綱目集覽盂蘭盆。梵語。譯言救倒懸。

唐肅宗至德[illegible]間。渡海居青陽九華山。青陽縣今屬安徽池州府嘗以巖間白土雜飯食之。人以為異。年九十九。忽召徒眾告別。趺坐函中。遂沒為地藏王。職掌幽冥教主。十殿閻王。見前百三十一張俱行朝禮。以七月三十日為生降之辰。士人禮拜焉。後三載。開函視之。顏色如生。舁之。骨節俱動。若撼金鎖焉。隨名金地藏。

辨 按目連或東夷新羅國人。或西戎王舍城人。姑置弗論。總不外一髡僧者近是。跡其居九華山時。以白土雜飯食之。若非瘋癡。即係狡黠。故為怪異。

駭人聽聞。均無足道。至死後其屍不朽。顏色如生。然言無其證。烏可致信。即或萎乾不腐。亦不過一僵尸耳。奚足稱哉。

按目連係唐時人。使死後果爲地藏王。職掌幽冥十殿。試問有唐以前。誰爲地藏王。豈向虛其位。以待目連乎。又試問目連爲地藏王。誰立之。必曰玉帝。然玉帝之妄。前已專篇詳論。見前六十一張玉帝且不得爲玉帝。烏得立目連職掌幽冥耶。世之敬地藏王者。何弗思之甚也。

按七月晦日。爲地藏王誕。相傳月値大建。爲菩薩開眼。小建爲不開眼。是日吳俗有婦女脫裙之舉。裙以紅紙爲之。謂曾生產一次者。脫裙一次。則他生可免產厄。昏黃時。比戶點燭庭階。謂之地藏燈。兒童聚磚瓦成塔。燒贗琥珀屑爲戲。蔡雲吳歈云。脫裙解襪一重重。村婦分投地藏宮。磚塔夜來燃珀屑。水燈放後地燈紅。其脫紙裙。點地燈。荒誕殊甚。乃積習相沿。不見有斥之者何耶。蔡雲字鐵耕。蘇州乾隆時人。

引目連記載傳羅卜。南耶王舍城人。父名相。母氏劉。合家向茹素。相卒。劉氏弟來。諄勸開葷。曰。文王之時。五雞二彘。以養親老。世稱仁政。故曾子養親。必具酒肉。孔子食肉。必調以醬。孟子曰。魚與熊掌。皆我所欲。劉開齋。死入地獄。羅卜削髮爲僧。改名目連。一日禪定。見母在地獄。立往尋之。奈乍至第一重地獄。劉氏已解往第二重。尾躡之。至第六重。值四月八日。獄主赴會。致押解稽遲。目連始獲晤母。遽餉以所攜烏飯。被餓鬼頃刻攫盡。鬼使又將劉氏押入第七重。目連躡至第十重。知母已投生爲鄭宦家犬。訪得之。見犬向伊搖尾哀嗥。并銜其衣。目連悟。輸貲買歸。事以母禮。七月十五日。大設盂蘭會。超度伊母。遂奉玉帝封劉氏爲勸善夫人。

（辨）按目連救母一事。鋪敘原委。宛曲盡致。可謂想入非非。但誕妄之談。未見有若此之甚者。爲人耶。爲犬耶。直不欲辨。亦不屑辨耳。

竈君

【引】禮記月令曰。孟夏之月。其帝炎帝。其神祝融。其祀竈。【孔疏】此配竈神而粱者。是先炊之人。【禮器】云。竈者、是老婦之祭。

【儀禮特牲饋食禮】曰。主婦視饎爨。【鄭注】炊黍稷曰饎。衆婦爲之。爨。炊也。【孔疏】周公制禮之時。爲之爨。至孔子之時。則爲之竈。

【又】曰。尸卒食而祭饎爨雍爨。【鄭注】爨者。老婦之祭。【孔疏】老婦。先炊者也。此祭先炊。非祭火神。

文獻通考引通典說曰。天子諸侯。必立五祀。五祀者。爲其有居處出入飲食之用。祭之所以報德也。鄭注云。竈祀老婦人。古之始炊者也。

五禮通考曰。嚴陵方氏。以爲祀竈。配以先炊。極是。

風俗通曰。謹按明堂月令孟冬之月。其祀竈也。五祀之神。王者所祭。古之神聖。有功德於民。非老婦也。

淮南子曰。炎帝於火而死。爲竈。註炎帝神農。以火德王天下。死祀於竈神。

事物原會曰。黃帝作竈。死爲竈神。

風俗通曰。周禮說顓頊氏有子曰黎。一作重黎爲祝融祀以爲竈神。見後三百二十四張

淮南子註曰。祝融吳回。爲高辛氏火正。死爲火神。託祀於竈。見後三百二十四張

五經異義曰。竈神姓蘇名吉利。夫人王氏。按路史後紀高陽氏之後。有蘇伯吉利。是世祝融。逮妻搏頰。死託於竈。

莊子達生篇曰。竈有髻。註髻竈神。著赤衣。狀如美女。

事文類聚續集曰。竈君名禪字子郭。衣黃衣。披髮從竈中出。知其名呼之。可得除凶惡。不知其名。見之死。

竈君以壬子日死。不可以此日治竈。五月辰日。以猪頭祭竈。令人治生萬倍。用犬祭竈。凶敗雞毛入竈中。致非禍。犬骨入竈。出狂子。正月巳日。白雞祀竈。宜蠶。五月己丑日祀竈。吉。四月丁己日祀竈。百倍吉。

酉陽雜俎曰。竈神名隗。狀如美女。又姓張。名單。字子郭。夫人字卿忌。有六女。皆名察（一作祭。）洽。常以月晦日上天。白人罪狀。大者奪紀。紀。三百日。小者奪算。算。一百日。故為天帝督使。下為地精。其屬神有天帝嬌孫。天帝大夫。天帝都尉。天帝長兄。硎上童子。突上紫官君。太和君。玉池夫人等。一曰。竈神。名壤子也。

禮記祭法曰。王立七祀。其一曰竈。庶人立一祀。或立戶。或立竈。鄭注。竈主飲食之事。此非大神所祈報大事者。小神居人之閒。司察小過。作譴告者爾。

抱朴子曰。竈神每月晦日上天。白人罪狀。大者奪紀。紀者三百日也。小者奪算。算者三日也。

事物原會曰。今吳中臘月二十四日祀竈。謂翌日竈神朝天。白一歲事。故前期禱之。

事文類聚引范成大祭竈詞。按宋史范成大字致能。號石湖居士。江蘇蘇州府吳縣人。南宋高宗時進士。工於詩。著有石湖集。曰。古傳臘月二十四。竈君朝天欲言事。雲車風馬小留連。家有杯盤豐典祀。猪頭爛熟雙魚鮮。豆沙甘鬆粉餌圓。男兒酌獻女兒避。酹酒燒錢竈君喜。婢子鬬爭君莫聞。猫犬觸穢君莫嗔。送君醉飽登天門。杓長杓短勿復云。乞取利市歸來分。

敬竈全書曰。竈君姓張名單(註)或作禪字子郭。八月初三日聖誕。乃一家司命之主。最爲靈感。每月三十日。將合家所爲善惡。錄奏天朝。毫不隱諱。降祥降殃。捷於影響。

〈敬竈全書竈王經〉曰。崑崙之山。有一老母。獨處其中。莫知其由。是時有妙行眞人上白天尊曰。此之老母。未審復是何人。獨住此山。殊無畏懼。天尊曰。惟此老母。是名種火之母。能上通天帝。下流五行。達於神明。觀乎二炁。在天則爲天帝。在人間乃爲司命。又爲北斗七元使者。主人壽命長短。富貴貧賤。掌人職祿。又爲五帝竈君。管人住宅。十二時辰。普知人間之事。每月朔旦。記人造諸善惡。及其功德。錄其輕重。夜半奏上天尊。定其簿書。悉是此母也。凡人家竈。皆有禁忌。若不忌之。此母能致禍殃。弗可免也。

(又)曰。此崑崙之老母。爲種火老母元君。又有東方青帝竈君。南方赤帝竈君。西方白帝竈君。北方黑帝竈君。中央黃帝竈君。五方五帝竈君夫人。天廚靈竈神君。地廚神竈神君。曾竈祖竈神君。竈公竈母神君。竈夫竈婦神君。竈子竈孫神君。竈家姊妹媳婦眷屬神君。五方遊弈竈君。竈下炊濤神女。運火左右將軍。進火神母。遊火童子。天帝嬌男。地帝嬌女。囪（音聰。竈突也。俗稱烟囪也。中童子童男童女。

敬竈全書眞君勸善文曰。竈君乃東廚司命。受一家香火。保一家康泰。察一家善惡。奏一家功過。每逢庚申日。上奏玉帝。見前六十一張善惡簿呈電。終月則算。功多者三年之後天必降之福壽。過多者。三年之後。天必降之災殃。

諸神誕辰載八月初三日。竈君誕。

後漢書陰識傳載陰識南陽新野人。新野縣屬河南南陽府光烈后東漢光武帝之后之前母弟也。識之曾祖名子方。西漢

宣帝巛時。嘗臘日晨炊。而竈神形見。[註]竈神名禪字子郭。衣黃衣。夜

披髮從竈中出。子方再拜受慶。家有黃羊。因以祀之。自是後

暴至巨富。比於邦君。子方常言。我子孫必將強大。至

識三世。而遂繁昌。故後常以臘日祠竈。而薦黃羊焉。

[史記孝武帝本紀]載李少君按[太平廣記]少君齊人。漢時方士。以祠

竈、穀道、卻老方。見漢孝武帝巛[註]穀道。辟穀不食之道。帝尊之。

少君者。故深澤侯舍人。[註]深澤侯姓趙。景帝巛時絕封。主方。[註]侯家人。主方

藥者也。匿其年及其生長。常自謂七十。能使物卻老。[註]物

鬼物。或藥物。少君游以方。徧諸侯。無妻子。人聞其能使物

及不死。更饋遺之。常餘金錢衣食。人皆以爲不治生業而饒給。又不知其何所人。愈信爭事之。少君資好方。善爲巧發奇中。（註）時時發言。有所中也。言於孝武帝曰。祠竈則致物。致物而丹砂可化爲黃金。黃金成以爲飲食器則益壽。益壽而海中蓬萊仙者可見。見之以封禪則不死。黃帝是也。天子始親祠竈。居久之。李少君病死。天子以爲化去不死。而海上燕齊怪迂之方士。多相效更言神事矣。

史記封禪書載齊人少翁（註）少翁姓李。年二百歲。色如童子。以鬼方見漢孝武帝。夜致竈鬼之貌。天子自帷中望見焉。於是乃拜少翁為文成將軍。賞賜甚多。以客禮禮之。居歲餘。其方益衰。神不至。乃為帛書以飯牛。(註)書縑帛上。為怪言語以飼牛。佯不知言曰。此牛腹中有奇。殺視得書。書言甚怪。天子識其手書。問其人。果是偽書。於是誅文成將軍。

陸龜蒙祀竈記 按(尚友錄)龜蒙唐時人。字魯望。本籍浙江湖州府長興縣。寓居江蘇淞江之甫里。自號江湖散人。天隨子。甫里先生。曰。竈在祀典。聞之舊矣。(祭法)曰。王立七祀。其一曰竈。達於庶人。庶士立一祀。或立戶或立竈。飲食之事。先自火化以來。生民賴之。祀之可也。說者曰。其神居人閒。伺察小過。作譴告者。又曰竈鬼以時錄人功過。上白於天。當祀之。以祈福報。此近出漢武帝方士之言耳。行之惑也。

(辨)按祀竈祭老婦。係報先炊之義。見上百四十三張而此婦爲誰。究未指出。或曰。炊者。爨也。先炊。老婦。卽古之爨薪炊母。按(史記封禪書)先炊之屬。(註)(正義)曰。先炊。古炊母之神也。則應之曰。先炊者。旣爲侍於竈側。爨薪之老婦。則不屑論矣。第所稱報先炊之義。謂報其本也。然先炊之爲本。其細已甚。猶有大本在也。先炊但爲始行爨薪。以火熟物而已。顧所爨之薪。所取之火。所熟之物。非先炊所造也。造之者爲大本。卽造物上主也。不敬上主。而奉先炊。抑末也。

按各書所稱竈君。不一其人。或稱爲老婦。或稱爲美女。爲黃帝。爲炎帝。爲吳回。爲蘇吉利。爲髻。爲隗爲壤子。爲張子郭。爲崑崙老母。又有東西南北中央各方。青黃赤黑白各色竈君。（見上百四十三至百四十六張）此十餘者之中。究不知誰爲竈君。抑自分疆域。各君一方之竈乎。抑各有定期。彼以期滿遜位。此以屆期接任。相爲瓜代乎。抑任聽各處各家。自擇其中之一乎。今之有竈者。莫不供一方面長鬚繪像。以爲竈君。試問所供者爲誰。當亦茫然無以答也。且所稱竈君誕辰。係八月初三日。見上百四十七張豈以上所稱種種。均係同日誕生哉。一經致詰。其說立窮矣。

按竈君有曾竈祖竈。竈公竈母。竈夫竈婦。竈子竈孫。竈姊竈妹。竈媳等神君。見上百四十六張則竈君之上下五代。內外男女。各爲竈君。竈君之數。實繁有徒矣。且不知吉利子郭等祖孫男女。合家均爲竈君乎。噫。是何說也。

按竈君奏事。一稱月之晦日。一稱月之朔日半夜。一稱臘月二十四日。一稱每逢庚申日。見上百四十四至百四十七張彼此互異。各出心裁。任意定期。豈眞有其事哉。而今俗俱於十二月二十三四等日。各將竈君繪像。與楮錢焚化。名曰送竈。除夕又易一新像。供之。名曰接竈。接竈日期。各處不同。或於新正初三日。或於元宵日。則竈神送去後。吾不知此數日中。何神代司其事。抑豈以所稱竈君之屬神。如天帝嬌孫大夫都尉等。見上百四十四張奉委署事乎。無稽之談。何堪深究。

按竈君伺察人過。讁告天朝。白人罪狀。毫不隱諱。見上百四十五張是說也。洵如陸龜蒙所謂。係出於漢時方士之言。行之惑也。見上百四十九張而范成大竟信之而慮之於臘日祀竈。具備猪頭鮮尾。旨酒粉餌。媚祭竈君。侑之醉飽。賺其歡喜。望爲包容匿報。見上百四十五張而今之人。更交相稱羨。以爲鉗制竈君之口。

用計愈巧。每於臘之祀竈。加具飴餳。按(楊氏循吉詩)買餳迎竈帝。按(紫雲仙館醉司命詩)餳供膠牙慣。粘結其唇舌。使朝奏時。不得開口呈訴。噫。愚甚矣。彼謂竈君之有以呈訴也。因其時在竈突。而一家所爲。莫得而欺。則何若不供之於竈。不令之伺察。不送之登天呈訴。豈非愈爲得計乎。何又於歲晚既送之去。而於除夕又迎之來。所謂引鬼上門。自尋煩惱也。況於歲終之際。烹猪頭。捏粉餌。釀旨酒。熬飴餳。又如是其多事乎。且所稱竈君上天。白人罪狀。是竈君專責。應據實報聞。乃因一臠之味。半盂之酒。竟肯匿報欺上。則竈君所爲。更賤於世俗之鄙夫矣。敬之何爲哉。又若竈君唇舌。飴餳一塗。遂粘結而不能言。則彼竈君。直似襁褓孩兒。可以飴餳制之也。敬之又何謂哉」

按所稱竈君上奏天朝後。奪紀奪算。降祥降殃。揆於影響。又稱降福降災。在三年之後。見上百四十五至百四十七張竈君之罪狀。究係何時批准發行。茲姑不究。第世間造孽之家。各有其竈。俱亦供有竈君。而其家所爲。無非不齒事。又何以未見送竈後。突遭災殃。

且果年安享庸福。豈竈君唇舌。眞爲飴糖粘結。不
得開口呈訴乎。則所稱福禍捷於影響。在於三年
後者。尙可信乎。
按竈君主人壽命長短。富貴貧賤。見上百四十六張妄之
尤妄者也。夫人生於世。夭壽貧富貴賤。惟生人之
大主。獨秉權衡。彼老婦子郭吉利等。烏由擅此大
權。彼子郭吉利。當在世時。或貧或富。或貴或賤。不
可得而知。第彼老婦。旣名之以老。果非夭殤者也。
然老而爲爨薪之婦。則非富與貴者明矣。以貧且

賤之老婦。而謂主人富貴貧賤。可乎哉。

按禮記月令孟夏其祀竈。見上百四十三張 而漢之陰子方以黃羊於臘日祀竈。致暴富。後世隨俱以臘日祀見上百四十七張 今俗祀竈。固無不於臘日。然因而致富者。竟罕見也。豈因未具黃羊以祀乎。彼祭竈而生奢望者。當亦知所返矣。

按漢孝武帝惑於方士李少君之言。始親祠竈。希冀卻老益壽不死。見上百四十八張 考通鑑綱目武帝祀竈在元光二年冬十月。造後幸五柞宮。按綱目質實五柞宮在陝西西安府盩厔縣病篤而崩。在後元二年卅二月。自元光二年至後元二年。統計四十六年。則祀竈果可益壽。亦不過四十六年耳。所云不死。則無之也。此四十六年。果因祀竈而益乎。想武帝病臥五柞宮時。當亦自悟少君之欺罔也。通鑑綱目大書武帝元光二年冬十月。始親祀竈。綱目書法綱目發明並斷。自祀竈之事。前此固未有之。武帝始惑於方士。故特書始。以識其作俑之失也。見通鑑綱目武帝之祀竈。既貽譏於史冊。後之人仍尤而效之。正所謂罪尤甚焉者也。

按方士少翁令武帝見竈鬼。見上百四十八張使果有其事。亦不過妖魔幻術。以惑世人。何足重哉。且少翁初以幻術。得邀高爵厚祿。終以行詐欺君。伏罪見誅。見上百四十八張彼竈鬼不之救。少翁之術。亦窮矣哉。

按竈君黃衣披髮見而呼之。吉。見而不呼。死。祭以犬。凶。祭以猪頭白雞。吉。雞毛犬骨入竈致禍。見上百四十四張此種無稽之言。盡人能知。無庸贅辨。世之敬竈君者。使一聞其來歷之誕妄。傳述之不經。敬奉之無益。當亦知所懼矣。

觀音

引香山寶卷載迦葉時 佛名迦葉者有二。一爲六佛祖之第六祖。在釋迦前。一爲釋迦佛十大弟子之長。茲稱之迦葉。當是釋迦佛弟子。兩迦葉說見前四十三及四十六張 須彌山 按圖書編輿地都會總考 須彌山是大地骨。如人之背脊。又按穆天子傳崑崙考 崑崙山在中國之西北。道家張大之。以爲仙聖所聚。佛家稱之爲須彌山。其閎大不經。尤倍於道家。 西有一世界。國名興林。廣十萬八千里。年號妙莊王。姓婆名伽。年始二十。衆稱人尊。祝立爲帝。正宮皇后名寶德。與帝同壽。常行慈善。萬事寬宏。生無子嗣。僅有三女。長曰妙書。次曰妙音。三曰妙善。王爲三女招壻。妙書招文士。妙音納、武士。惟妙善時年十九。不願、成、婚。逕、往、汝州龍樹縣。白、雀、禪、寺、內、爲、尼。寺、中、有、尼、僧、五、百。僧頭派妙善在廚中當苦役。竈、君（見前百四十三張）具、奏、上、帝。勅、傳、三、官、（見後二百三十三張）五、岳。（見後二百四十張）撥、差、八、部、龍、神。（見後二百四十三張）着、令、六、丁、六、甲。（見前六十五張）速、去、白、雀、寺、代、勞。又令東海老龍。在廚中開井。各山走獸送柴。徧處飛禽送菜。妙善在寺。坦然自在。王怒妙善羈寺不回。乃遣朱葉二侯。率、兵、焚、寺。妙善禱告畢。抽下竹釵口中刺血。向空一噴。霎時間。天降紅雨。火息烟滅。王聞更怒。差、兵、拏、縛、妙善。押、解、法、塲。凌遲示眾。當時佛施毫光。刀斷劍折。劊、子、手、卽、以、弓、弦、絞、其、咽、喉、致、死。忽來一猛虎將屍銜去。拖入松林。妙善一到陰間超生千萬鬼囚。閻王（見前百三十一張）令妙善回到屍所入魄還魂。得啖仙桃。到惠州澄心縣香山。（按明一統志香山在河南汝州寶豐縣東二十里。舊名火珠。相傳觀音證道之所。又按癸巳類稿香山在蔥嶺西。蔥嶺山在于闐國）隱身修煉。九年後。妙莊王患惡癘。訪求醫治。妙善化作老僧仙人。將左右手眼。割剜合藥。療愈王癘。王痊後推位讓國。率領合宮眷屬。滿朝文武。同往香山修行。佛隨以千手千眼。大慈大悲。救苦救難。無上士觀世音菩薩之號。授報妙善云云。

重增搜神記載觀音乃鷲嶺孤竹國祇樹園。施勤長者第三子施善化身。生於比闕國中。父妙莊王。姓婆名伽。母伯牙氏。曩者父母以無嗣故。祝於西岳香山寺。天帝以其父好殺。故奪其嗣而與之女。長曰妙清。次曰妙音。三曰妙善。長次二女。招納二郎。俱不當父强妙善成婚。不從。乃往汝州龍樹縣白雀寺修行。王遣忽必力驅兵圍寺焚之。而妙善齒嚙玉指。噴血成紅雨滅火救寺。王聞奏。命必力將妙善綑押法場處斬。土神（見前百二十七張）忙奏玉帝。（見前六十一張）賜以紅光當體。刀斷鎗截。乃賜紅羅絞死。天使猛虎將屍負入黑松林。閻君（卽閻王見前百三十一張）使童子持幢來迎。善見諸獄鬼囚。卽曰阿彌善哉。而鐵獄銅枷盡爲齏粉。獄中鬼囚。皆脫離地獄。而八千餘部地獄悉空矣。諸閻君命獄卒引善至黑松林。釋迦如來引善至越國南海中普陀巖香山。九載功成。割手目救父病。感一家骨肉。而爲之修行。普昇天界。玉帝遂老君（見前二十九張）之奏。封爲大慈、大悲。救苦、救難。南無、（南無。梵言。音那謨。猶云歸依也。）靈感、觀世音菩薩。爲西海普陀巖之主。賜父妙莊王爲善勝仙官。母伯牙氏爲勸善菩薩。大姐妙清爲大善文殊菩薩。次姐妙音爲大善普賢菩薩。

瑯邪代醉編曰。胡應麟（應麟字元瑞。浙江金華府蘭谿縣人。幼有逸才。年十餘。即能賦詩。名著於明神宗萬歷時。）說觀音大士。不聞有婦人稱。王長公取楞嚴（楞嚴經）普門（普門品經）三章。合刻爲大士本紀而著論。以闢元僧之妄。（元僧記觀音爲妙莊之女。）嘗考法苑珠林宣驗冥祥等記。觀世音顯迹六朝（六朝。按讀書紀數畧。六朝即孫吳東晉宋齊梁

陳並都金陵者。按譜詞三序至衆。其相或菩薩。或沙
鑑註釋卽晉宋齊梁陳隋。
門。也僧或道流。絕無一作婦人者。又觀宋壽涯禪師詠
魚藍觀音。窈窕風姿都沒賽。淸冷露濕金欄壞之句。
及甄龍友題像。有彼美人兮。西方之人兮之句。乃知
其訛皆起於宋人。而元僧謭陋無識。以爲妙莊女。可
笑也。胡君卽應麟此說。蓋本王長公之意。而考證於楞
嚴珠林等書詳矣。妙莊公主之說誠誕。然謂女相起
於宋元。則似未然。如什元楚廬山東林記有危冠百
寶。風容動搖之語。僧皎然觀音讚有慈爲雨兮。惠爲

風。灑芳襟兮。襲輕珮之句。此、豈、非、婦、人、服、相。今吳道子（按尚友錄道子名道玄。河南開封府禹州人。唐玄宗時之名畫。）畫像。猶尚刻石滁州。垂瓔帶釧。全無沙門菩薩之狀。夫釋家之事。吾儒所不道。至其為男為女。雖不可知。然謂女形始於宋元。則未深考耳。

又曰。嘗考佛書感應傳稱元和（唐憲宗）十二年。陝菩薩（即觀音）大慈悲。力欲化陝右。示、現、為、美、女、子。人、求、為、配。曰。一、夕、能、誦普門品（普門品經）者、事、之。黎明徹誦者二十輩。女曰。一、身、豈、能、配、衆。可誦金剛經。至旦通者。猶十數人。女、復、不、然、其、請。更、授、以、法華經七、卷。約三日。至期。獨、馬氏子、能、通。女、令、具、禮、成、姻。客未散而死。葬之。數日。有老僧杖錫謁馬氏。問女所由。馬氏引之葬所。以錫撥之。屍已化。惟黃金瑣子之骨存焉。僧以錫挑骨飛空而去。故有馬郞婦之稱。泉州(屬福建)粲和尚贊曰。丰姿窈窕鬢欹斜。賺煞郞君念法華。一把骨頭挑去後。不知明月落誰家。此事在唐憲宗時。([illegible])或者唐時相傳。有變女相。故吳道子輩因畫爲婦人耶。然亦非始於元和也。

又曰。宋李方叔畫品載觀音像。錄於左。

大悲觀音像。唐大中（宣宗年號）范瓊作。軀不盈尺。而三十六臂。皆端重安穩。與汝州香山（山在河南汝州寶豐縣。）大悲（即觀音）化身自作塑像。襄陽（屬湖北）東津大悲化身自作畫像。意韻相若。蓋臂手雖多左右相應。混然天成。所執諸物。各盡其妙。其盧楞伽曹仲宣之徒歟。

披髮觀音。變相在水中石上。襲衣寶絡。被髮按劍而坐。非近時所能為。必五代或晚唐名筆。細而有力。似吳道玄。獨設色太重。衣上花紋。不類吳筆。

長帶觀音。龍眠居士李伯時作。按圖繪寶鑑伯時名公麟。號龍眠居士。登進士第。宋朝名畫。今觀此像。固非世俗可彷彿。而紳帶特長一身有半。蓋出奇炫異。使俗驚感。而不失其勝絕處也。此見伯時爲延安屬陝西。呂觀文吉甫作。石上臥觀音像。前此未聞有此樣。亦出奇也。

又曰。按畫品所載。大抵唐及五代之畫。然或云紺髻。或云披髮。或云長帶。多似婦人裝飾。蓋觀音聞聲示觀。故二臂可作三十六臂。男女豈能定執。總是佛家荒唐。不必夢中說夢。

癸巳類稿曰。嘗覽佛書。秦譯維摩詰所說經不二法門品。有不眴菩薩。菩薩。卽觀音也。梁曇無讖譯寶藏經云。過去散提嵐界。善持劫中。時有佛出。名曰寶藏。有轉輪王。名無量淨。第一太子。名不眴。發菩提心。衆生念我天耳天眼聞見。不免苦者。我終不成無上菩提。寶藏佛言。汝觀一切衆生。欲斷衆苦。故今字汝爲觀世音。劉宋曇謨竭譯觀世音得大勢受說經云。昔於金光師子（按唐書。師子國。居西南海中。延袤二千餘里。）遊戲如來國。彼國之中。無有女人。王名威德。於園中入三昧。左右二蓮花化生二子。左名寶意。卽是觀世音。右名寶尙。卽是得大勢。觀世音爲普光功德山王如來。得大勢爲善持功德寶王如來。據此二經。觀世音菩薩出世不作女身。而其示見正是女身。北齊書徐子才傳云。武成武成帝北齊主號初見空中有五色物。稍近。變成一美婦人。身長數丈。亭亭而立。食頃。變爲觀世音。是女身也。

按北齊書徐子才傳。武成酒色過度。恍惚不恆。曾病發自云。初見空中有五色物。稍近。變成一美婦人。去地數丈。亭亭而立。食頃。變爲觀世音。徐子才云。此色欲多。大虛所致。徐子才。北齊時號名醫。

文曰。觀世音本兼觀自在。而唐人以觀世音。觀自在爲二人。

又曰。元大德（成宗）丙午歲（十年）趙魏公管夫人所采傳畧。（觀音傳）其本傳言王三女。長妙音。次妙緣。三妙善。今妙音見妙法蓮華經。妙善見隋書。法華（法華經）言。於後宮變女屬之。妙音檢隋時觀音義疏云。觀音於王後宮現女身者。王者禁固。不得避徹。化物爲難。益知妙音卽觀世音。唐時亦以妙音爲觀世音。

又曰。觀世音傳畧言。妙善欲學道。王爲招壻不從。使爲僧奴。又燒之。又棄市。皆得脫。王病。斷手眼和藥進王。王愈。見妙善血淋被體。額天完之。少頃。手、眼、已、千、數、矣。後父子同沖舉。案大悲心陀羅經則云。昔菩薩言。昔千光王靜住如來。爲我說咒。我於是時。始住初地。超第八地。乃至。身、生、千、手、千、眼。其言甚幻。無由指實。

又曰。閼有耶舍崛多譯、千、一、面觀世音神咒經。唐有元奘譯十一、面觀世音神咒心經

又曰。按梁書扶南傳云。扶南國（按梁書扶南國在日南郡之南海。）俗事天神。以銅爲像。二面者、四手。四面者、八手。手各有、所、持。或、小兒。或鳥獸。或日月。梁[illegible]時扶南多進佛說。

此天神卽觀世音。

又曰。遼史禮志云。太祖幸幽州大悲閣。遷白衣觀世音像。建廟木葉山。尊爲家神。白衣者。淸淨觀世音菩薩說。普賢陀羅尼經云。若造像。觀音坐華屋。著五色衣。胡跪合掌。面向佛看聽佛說法。下作毗陀天女。互跪坐。手奉花冠。著白衣。上向菩薩。卽觀音此卽白衣及童子拜觀音之所由起。白衣本毗陀天女。而俗人名爲白衣觀音。白衣觀音之說。始於五季。

又曰魚藍觀音。則由俗人譌傳佛說七月十五日救面然餓鬼。面然者。觀音變相。以附目連盂蘭盆經。見前百四十一張盂蘭盆者。正言盂蘭婆那。言救餓如解倒懸。而俗譌魚藍觀音。

妙法蓮華經曰。若有人臨當被害。稱觀世音菩薩名者。彼所執刀杖。尋段段壞。而得解脫。設有人若有罪若無罪。杻械枷鎖檢繫其身。稱觀世音菩薩名者。皆悉斷壞。卽得解脫。

辨 按觀音來歷。各書所載。彼此互異。或稱觀音生於興林國。或稱比闕國。或稱無有女人之如來國。

見上百五十五至百六十張又或稱觀音是女身。如美婦人。是男身。如沙門道流。是妙莊王第三女妙善。是長女妙音。是轉輪王第一太子不眴。是威德王由蓮花化生之子寶意。見上百五十五至百六十一張或謂觀音卽觀自在。或謂觀音與觀自在爲二人。見上百六十一張又謂觀音。有千眼千手。有十一面。有三十六臂。有二面四手。有四面八手。見上百六十至百六十五張觀音證道之所。香山。一說在蔥嶺西。一說在河南汝州寶豐縣。見上百五十六張觀音之傳。如此岐異。顯係好事者揑造。烏足致信。或問觀音之傳。既岐異若彼。則果有其人否。答曰。考一切經音義。載觀世音。梵言阿婆盧吉低舍婆羅。則觀音當是天竺釋迦佛之桑門。男弟子僧也或比丘尼。女弟子尼姑也迨釋教流華。天竺僧來。附會傳說。各任己意。致有此岐異。則彼觀音。係一釋迦弟子耳。所稱觀音救苦救難。何由而能哉。即如高僧傳載天竺僧跋陁來華。人請之講華嚴經。而跋陁自忖未善宋言。有懷愧歎。即旦夕禮懺於觀世音。乞求冥應。遂夢有人白衣持劍擎一人首。來至其前曰。何故憂耶。跋陁具以事對。答曰。無所多憂。卽以劍易首。更安新頭。語令迴轉。曰。得無痛也。答曰。不痛。豁然。便覺心神喜悅。且起道義。皆通備領。宋言。於是就講。此種無稽之談。眞是胡言囈語。天竺僧捏造觀音顯靈。以誑庸愚。賺人施捨以充己腹。世之人。竟有墮其術而不悟。惜哉。

按觀音在寺時。竈君具奏。三官五岳。八部龍神。六丁六甲。俱來代勞。（見上百五十五張）臨刑時。土神忙奏玉帝施光阻止。絞死後。閻王迓到陰間。救出地獄鬼四。還魂後。修行九載。道成。玉帝遂老君奏。賜以觀世音號。見上百五十七張種種無稽之談。洵如瑯邪代醉編所謂俱是佛家荒唐夢中說夢。見上百六十張至竈君老君。三官五岳。八部龍神。土地閻王。玉帝等之妄。已專篇論之詳矣。茲不贅。

按觀音以美女形顯現。許配習佛經者。誘入貪其色求之。而習佛經。且又頻約頻負。終適善誦法華經之馬氏子。見上百五十八張查觀音之兩姐。招文武二士爲壻。而觀音不肯成姻。乃往僧寺居之。見上百五十五張茲乃自願配誦佛經之馬氏子。於以知觀音之初不肯成姻非眞不肯也。特欲事崇佛之人耳。使當時妙莊王於白雀寺五百僧中。（見上百五十五張）選一善誦佛經者。招爲駙馬。則觀音之志得遂。而焚寺殺女之事。（見上百五十五張）可免矣。然而觀音之心。妙莊未必不知。諒因格於國體。不得順其心耳。觀音之志。亦鄙矣哉。

撥武成酒色過度。恍惚不恆。病發。觀音現以美婦形。（見上百六十一張）武成既因色慾致病。而觀音又現以美婦形。益熾其慾。則觀音誠淫魔也。
按世之重觀音。以其不肯招壻而入寺奉佛也。見上百五十五張則此類觀音。當車載斗量。不可勝舉。豈獨妙善一女耶。
按世之觀音像。有三十六臂觀音。有披髮觀音。有長帶觀音。見上百六十張有捧持小兒。爲送子觀音。有白衣觀音。有童子拜觀音。有魚藍觀音見上百六十二張等像。原其始。蓋畫師刻工。逞其手技。隨意爲之。以售其巧。如臥觀音像。始於李伯時。前此則未之聞。見上百六十張而好事者。見各種圖像。適有以附會之。更神其說以夸張之。沿習誤傳。隨不究其始。而信觀音之有靈。悉如其像矣。噫。亦愚矣哉。

按人當臨刑。無論有罪無罪。一呼觀音。即得脫免。見上百六十三張然祇有其言。必無其事。路史曰。李延壽著南史。載宋武北侵。而寧朔將軍王玄謨夜遁就逮將斬。夢有教誦觀音經者。因以獲免。按南史王玄謨傳。玄謨仕劉宋文帝朝。州時孝武帝爲太子。侵北魏。以玄謨爲寧朔將軍。蕭斌爲節度。中魏太武帝自率迎敵。玄謨不得軍心。將士並懷離怨。及魏軍至。玄謨夜遁。麾下散亡畧盡。蕭斌將斬之。沈慶之固諫。

弑乃止。初玄謨始將見殺。夢人告曰。誦觀世音千徧則免。玄謨夢中曰。何可竟也。仍見授。旣覺。誦之。且得千徧。明日將刑。誦之不輟。忽傳唱停刑。頃見載記言。徐羡之將殺也。以誦觀音經。比夜門開械脫。遂免慕容之禁。每切鄙之。夫以觀音經今且具在。偏袒之徒。莫不擐是說以盪愚俗。愚俗流遁。遂相信而不返。然而冒法之徒。臨刑懇切誦之者比比。而竟不聞前效之一見。豈李將軍之射虎。出於一時偶然。而不可再效於後世耶。抑爲當時實無其事。而記事者因以俗說。而無識以紲之邪。延壽等輒爾特書。亦可謂無識矣。大抵此等皆小人倡之。世之小人。愚暗無識。貪於欲得。而輕於冒法。及觸憲網。又無計以自釋。則惟起倖心。冀空飛而隙竄。是故易以誑惑。一有誑之。則牢結胸次。而不可破。而乃不知無是理也。且使口誦觀音果能倖逃法網。則奸宄不能懲。法紀無所施。是教人為惡。啟人作亂。惟彼觀音實肇之禍矣。

或問觀音究是男或女。答曰。嘗考蒙齋筆談。閬州四川保寧府人祠陳子昂。按唐書子昂名伯玉。四川潼川府射洪縣人。舉進士。武后時。糾官右拾遺。父喪。歸廬冢次。縣令段簡貪暴。聞其富。欲害子昂。家人納錢二十萬緡。簡薄其賂。捕子昂。送獄。遂死於獄中。有陳拾遺拾遺。官名。子昂嘗官拾遺。廟。語訛為十姨。不知何時。遂更廟貌為婦人裝飾甚嚴。又考〔參花洲閒錄〕臨海縣屬浙江台州府有杜拾遺廟。年久訛為杜十姨。塑為女像。按〔江南通志〕杜拾遺廟。祀唐杜甫。○按〔唐史〕。杜甫字子美。湖北襄陽府人。唐肅宗至德二年。幽拜右拾遺。未幾。拜工部員外郎。平生曠放不檢。善為詩歌。遊嶽祠。大水遽至。旬日不得食。邑令具舟迎之。餽以牛炙白酒。大醉。一夕卒。年五十九。○按〔文海披沙〕俗說。唐時。人有病瘧者。杜子美謂吾詩可以療之。及誦至。子章髑髏血模糊。手提擲還崔大夫。瘧病果愈云。然子美詩有三年猶病瘧。一鬼不銷亡之語。何不自誦其詩。以斷之也。事之相舛。可笑如此。由是言之。陳子昂杜子美。俱丈夫也。更祀爲婦人。則觀音或本男而改爲女。亦無足怪。總之不經之舉。好事者逞私以創之。繼又任臆而改之。訛沿已久。無從考實。然亦無關於是篇之正旨也。

天妃　天后

引 重增搜神記載天妃係福建興化府莆田縣。濱海湄洲林氏之女。母陳氏。觀音見前白五十五張與以優鉢花即優曇鉢吞之而孕。十四月始娩身得妃。於唐玄宗天寶元年攸三月二十三日。妃甫週歲。在襁褓中。見諸神像。叉手作欲拜狀。五歲能誦觀音經。十一歲能婆娑舞也按節樂神。兄弟四人業商。往來海島間。忽一日妃手足若有所失。瞑目移時。父母以為暴疾作。急呼之。妃醒而悔曰。何不使我保全兄弟無恙乎。父母不解其意亦不之問。既兄弟歸。哭言前三日颶風大作。巨浪接天。見一女子牽篷引導。兄弟各異船。其長兄船颶沒水中。父母始知妃向日之瞑目。乃出元神救兄弟也。長兄不得救者。以其呼之疾。懊恨無已。妃年及笄。誓不適人。居無何。儼然端坐而逝。邑人無子者。求嗣於妃。隨禱隨應。至宋中貴人（宦官）路允迪使高麗。道湄洲。颶風作。船幾覆溺。見有人登檣援救。知乃妃之靈護。還朝。按通鑑綱目宋徽宗宣和元年。卅路允迪自高麗還。奏聞。詔封靈惠夫人。立廟於湄洲。明成祖永樂七年。以中貴人鄭和通西南夷。禱妃廟。徵應如宋。歸命。遂敕封護國庇民妙靈昭應宏仁普濟天妃。

事物原會曰。宋潛氏說友臨安志云。天妃爲五代時閩王統軍兵馬使林願第六女。能乘席度海。雲游島嶼。宋太宗雍熙四年。[illegible]昇化湄洲。按陔餘叢考天妃（生於五代晉高祖天福八年。[illegible]於宋太宗雍熙四年[illegible]二月十九日化去。）後常衣朱衣。飛翻海上。土人祠之。宋徽宗宣和[illegible]中。路允迪使高麗。中流震風。七舟俱溺。獨路所乘。天妃降於檣無恙。使還奏聞。賜順濟廟額。宋高宗紹興時。[illegible]以郊典封靈惠夫人。宋

集說詮眞　天妃　罕

孝宗淳熙朝。𠦜易爵以妃。元史祭祀志云。南海女神。靈惠夫人。以護海運有奇應。加封天妃。

上海縣志載天妃係福建莆田林氏女。父名願。官都巡檢。母王氏。生於宋太祖建隆元年𠦜三月二十三日。太宗雍熙四年𠦜九月九日昇化。時顯靈異。護庇海舟。始封靈惠夫人。徽宗宣和𠦜間。敕封為神。賜號順濟。建廟莆田。元至元𠦜世祖間。封為護國明著天妃。

瑯邪代醉編曰。天妃宮。江淮海神多有之。其神為女子三人。俗稱為林靈素宋徽宗政和末𠦜時。浙江溫州人。見前六十六張三女。太虛之中。惟天爲大。地次之。故一大爲天。二小爲元。(音岐。同祇地神也。)天稱皇。地稱后。海次於地者。宜稱妃耳。其數從三者。亦因一大二小之文。蓋所祀者海神也。元用海運。故其祀爲重。司馬溫公(即司馬光。宋仁宗寶元(年號)初進士。累官端明殿學士。)則謂。水陰類也。其神當爲女子。此理或然。或云。宋徽宗宣和(年號)中。遣使高麗。挾閩商以往。中流遭風。賴神得免。使者路允廸。上其事於朝。始有祀。

(又)曰。倪綰云。天妃莆田(縣屬福建興化府)林氏都巡君之季女。幼契玄理。預知禍福。在室三十年。宋哲宗元祐(年號)

間。遂有顯應。立祠於州里。元世祖至元卌中。顯聖於海運。萬戶馬合法忽魯循等奏立廟。號天妃。賜太牢。洪武明太祖初。海運風作。飃泊糧米數千萬石於落漈。萬人號泣待死。太呌天妃。則風回舟轉。遂濟直沽。後又封昭應德正靈應孚濟聖妃。

陔餘叢考載張學禮使琉球記云。天妃姓蔡。閩海中梅花所人。為父投海身死。後封天妃。

辨 按各書所載天妃來歷。殊多歧異。或稱天妃為福建莆田縣都巡檢林願女。為浙江溫州方士林靈素女。爲閩中蔡氏女。其母。或稱爲陳氏。爲王氏。其生。或稱於唐玄宗朝。於五代閩。於宋太祖時。於宋徽宗朝。見上百六十九至百七十一張考其所生之地。福建浙江。相隔兩省。所生之時。自唐迄宋。相距數百載。岐異若此。則所述天妃事實。俱係僞撰。無疑矣。

按天妃母無論陳氏王氏。吞優曇鉢花而孕。見上百六十九張但吞花能孕之說。誕妄不經。無庸置辨。如曰花乃觀音所授。故能孕。然觀音爲何如人。亦已詳辨之矣。見前百五十五張決不能假花成孕。爲此超乎人道之事。况所稱天妃有父林願。見上七十百張則呑花之說。明指爲妄。又考優曇鉢花。據法華經注五百年開花。有花無實。又據琅邪代醉編云。三千年一現。試問此花。天下五大洲中。栽於何地自陶唐迄今。華於何代。見者何人。信有此花者。當必爲之語塞。稱觀音授此花者。亦必爲之辭窮也。

按天妃週歲能叉手作拜神狀。見上百十九張六夫襁褓之嬰。叉手嬉戲。事極尋常。烏知有拜神之意。即五歲能誦梵經。十一歲能婆娑按節。見上百十九張六雖曰幼年聰慧。亦世所時有。然敬天妃者。則以爲奇事焉。不亦異哉。

按天妃一日手足若有所失。瞑目移時。父母以爲暴病急喚。見上百六十九張顯證其有羊癲瘋病。恐彰其醜。詭言魂出救兄。藉詞掩飾。嘗閱外史。有創立回教之謨罕驀。患羊癲瘋。每病作。醒後欲掩其醜。嘗詭言魂舉化境。與天使晤談。則天妃之羊瘋作。而言魂出救兄。乃謨罕驀之故智也。能出魂赴海救兄。當不因傍人一呼遽止。其爲藉詞掩蓋無疑。乃天妃兄弟。適因長兄颶沒。遂借妹之詭言。附會誇傳。聾人敬奉。誠將錯就錯者矣。

按天妃之封。始於宋徽宗允宦臣路允廸請。（見上百六十九張）考徽宗為君。惑於神幻。佞臣方士之欺弄妄誕。莫不致信。史冊臚列其事。然允廸捏造颶風暴作。天妃靈護。是亦有故。蓋欲報聞其出使外洋之苦。希圖敘功邀賞耳。豈眞有顯靈之事哉。元明時之靈應（見上百六十九及七十一張）俱當以允廸之事。比而觀之可也。林氏女何人。而能靈護航海行人哉。至所稱天妃主司孕嗣。見上百六十九張更屬無稽。無庸贅辨。